A tranquilidade da alma
&
A vida feliz

Dados Internacionais de Catalogação na Publicação (CIP)
(Câmara Brasileira do Livro, SP, Brasil)

Sêneca
  A tranquilidade da alma & A vida feliz / Sêneca ; tradução de Arthur Rodrigues. – Petrópolis, RJ : Vozes, 2024. – (Coleção Vozes de Bolso)

  Título original: De tranquillitate animi
  ISBN 978-85-326-6778-6

  1. Estoicos 2. Filosofia antiga 3. Simplicidade 4. Sêneca, Lucius Annaeus, ca. a.C.-65 d.C. I. Título. II. Série.

24-189507　　　　　　　　　　　　　　　　CDD-188

Índices para catálogo sistemático:
1. Estoicismo : Filosofia antiga 188

Eliane de Freitas Leite – Bibliotecária – CRB 8/8415

Sêneca

A tranquilidade da alma
&
A vida feliz

Tradução de Arthur Rodrigues

Vozes de Bolso

Tradução do original em latim intitulado
De tranquillitate animi / De vita beata

© desta tradução:
2024, Editora Vozes Ltda.
Rua Frei Luís, 100
25689-900 Petrópolis, RJ
www.vozes.com.br
Brasil

Todos os direitos reservados. Nenhuma parte desta obra poderá ser reproduzida ou transmitida por qualquer forma e/ou quaisquer meios (eletrônico ou mecânico, incluindo fotocópia e gravação) ou arquivada em qualquer sistema ou banco de dados sem permissão escrita da editora.

CONSELHO EDITORIAL	PRODUÇÃO EDITORIAL
Diretor	Aline L.R. de Barros
Volney J. Berkenbrock	Marcelo Telles
	Mirela de Oliveira
Editores	Otaviano M. Cunha
Aline dos Santos Carneiro	Rafael de Oliveira
Edrian Josué Pasini	Samuel Rezende
Marilac Loraine Oleniki	Vanessa Luz
Welder Lancieri Marchini	Verônica M. Guedes
Conselheiros	**Conselho de projetos editoriais**
Elói Dionísio Piva	Isabelle Theodora R.S. Martins
Francisco Morás	Luísa Ramos M. Lorenzi
Gilberto Gonçalves Garcia	Natália França
Ludovico Garmus	Priscilla A.F. Alves
Teobaldo Heidemann	
Secretário executivo	
Leonardo A.R.T. dos Santos	

Diagramação: Sheilandre Desenv. Gráfico
Revisão gráfica: Jaqueline Moreira
Capa: Ygor Moretti

ISBN 978-85-326-6778-6

Este livro foi composto e impresso pela Editora Vozes Ltda.

Sumário

A tranquilidade da alma, 9

[I A inquietude de Sereno e o seu pedido de ajuda], 11

[II O remédio de Sêneca: a tranquilidade], 17

[III Atenodoro e o retiro da vida pública], 23

[IV A objeção de Sêneca], 26

[V Os exemplos de Sócrates e de Cúrio Dentato], 29

[VI A avaliação de si, das coisas e das pessoas], 31

[VII O bem das verdadeiras amizades], 33

[VIII Dinheiro: um grande perigo para a tranquilidade], 36

[IX A busca pela parcimônia], 39

[X A moderação das próprias ambições], 42

[XI O verdadeiro sábio e a fortuna], 45

[XII O empenho pelo concreto e pelo possível], 50

[XIII A limitação das atividades], 53

[XIV A obstinação e a inconstância como inimigos da alma], 55

[XV A tolerância pelas fraquezas humanas], 58

[XVI Os grandes exemplos de injustiça], 60

[XVII A simplicidade, o divertimento e a vigilância], 62

A vida feliz, 67

[I A doença do conformismo], 69

[II É necessário conhecer a si próprio], 72

[III A harmonia com a própria natureza], 74

[IV Algumas definições do bem supremo], 76

[V O julgamento correto e definitivo], 79

[VI A alma como participante do prazer], 81

[VII O prazer e a virtude não são inseparáveis], 82

[VIII Viver de acordo com a sua natureza], 84

[IX A virtude não está voltada para o prazer], 87

[X A degeneração do prazer epicurista], 89

[XI O prazer não é o bastante], 91

[XII O prazer do vulgo e do sábio], 93

[XIII A verdadeira doutrina de Epicuro], 95

[XIV O lugar da virtude], 98

[XV A virtude não se confunde com o prazer], 100

[XVI A moral baseada na virtude], 103

[XVII A defesa dos filósofos], 105

[XVIII O filósofo é indiferente às críticas dos maus], 107

[XIX Contra a maldade estéril], 109

[XX O sábio não é escravo dos seus bens], 111

[XXI Praticar e aspirar à virtude], 114

[XXII O sábio prefere seus bens], 116

[XXIII O filósofo pode ser rico], 118

[XXIV O saber doar], 120

[XXV O desapego da riqueza], 123

[XXVI O sábio e o tolo diante das riquezas], 126

[XXVII A repreensão de Sócrates], 129

[XXVIII Prossegue a repreensão de Sócrates], 131

Notas, 132

A tranquilidade da alma

[I
A inquietude de Sereno e
o seu pedido de ajuda]

1 SERENO[1]: Enquanto fazia, Sêneca, um exame de consciência, eis que me apareciam certos vícios dispostos de maneira tão clara que poderia pegá-los com a própria mão; já outros eram mais obscuros e profundos; outros também não tinham continuidade, vindos em intervalos; estes, diria eu, são os mais molestos, como inimigos que ficam vagando e assaltam dada a ocasião; por causa deles, não é lícito sentir-se preparado, como na guerra, nem seguro, como na paz.

2 Sobretudo, percebo em mim uma condição (e por que não lhe confessar a verdade, como a um médico?) em que não me sinto totalmente livre desses males que temia e odiava nem, por outro lado, estou à mercê deles. Eu me encontro num estado que, não sendo o pior, é, todavia, lamentável e maçante: não estou doente nem saudável.

3 Não é necessário você dizer que todas as virtudes, no início, são delicadas e que lhes chegam a firmeza e o vigor com o tempo. Também não ignoro que as virtudes que se esforçam pela exibição – refiro-me ao prestígio político, à fama da

eloquência e a tudo que vem ao encontro da aprovação alheia – acabam consolidando-se no tempo; tanto aquelas que conferem a verdadeira força moral quanto as que se embelezam com algum tipo de maquiagem a fim de agradar esperam por anos até que, paulatinamente, o longo período lhes traga a cor. Mas eu temo que o hábito, que dá consistência às coisas, finque este vício bem fundo dentro de mim. O longo trato faz com que gostemos tanto do que é bom quanto do que é mau.

4 Qual seja essa enfermidade da alma, dividida entre duas coisas e que não se inclina decididamente nem para o certo nem para o errado, isso não posso expor de uma vez só, mas por partes. Contarei o que acontece comigo: você encontrará um nome para a doença.

5 Aprecio muitíssimo a parcimônia, confesso: não me agrada o aposento decorado para o luxo, tampouco a roupa retirada do baú, esticada com pesos e mil tormentos que a fazem ficar brilhante, mas sim aquela simples, de casa, que não é guardada nem vestida com grande atenção. 6 Agrada-me não a comida que seja preparada por todos da casa e degustada em sua presença, nem aquela pedida com muitos dias de antecedência ou servida pelas mãos de muitos, mas a comida acessível e prática, nada tendo de chamativo ou dispendioso, aquela que não há de faltar em nenhum lugar, que não pesa no bolso nem no corpo, e que não saia por onde entrou. 7 Agrada-me um criado inculto, um tosco escravo nascido em casa, a prataria bruta do meu pai rústico, sem o nome de um artesão, e não a mesa vistosa com seus veios coloridos ou a que é famosa na cidade pelos muitos proprietários elegantes

aos quais já pertenceu; antes uma mesa posta para o uso, que não retenha os olhos cobiçosos de nenhum conviva nem lhe acenda a inveja.

8 Então, depois de me contentar muito bem com isso, eis que deslumbra minha alma o aparato de alguma escola para pajens, a escravaria enfeitada de ouro e vestida com mais zelo do que para um desfile, uma tropa de tantos servos esplendorosos; também a casa que é preciosa inclusive no seu pavimento e o próprio teto resplandecente de riquezas espalhadas por todos os cantos, até mesmo a multidão que busca e acompanha uma herança a ser dilapidada. O que direi das águas translúcidas até o fundo circulando entre os convivas do banquete? E dos jantares dignos de tal cenário?

9 Chegando de um longo retiro na frugalidade, o luxo me envolveu com muito esplendor e ecoou ao meu redor por toda parte. A minha visão titubeia um pouco, é mais fácil encarar esse mal com a alma do que com os olhos. E assim retrocedo, não pior, porém mais triste; não tenho andado tão altivo entre os meus pertences mesquinhos, e uma secreta mordida se me insinua: a dúvida de que outra vida seja melhor. Nenhuma dessas coisas me altera de fato; nenhuma, contudo, deixa-me tranquilo.

10 Agrada-me seguir o que mandam os preceitos e adentrar a vida pública; agrada-me tomar posse das magistraturas e dos fasces, certamente não atraído pela púrpura e pelas varas dos lictores, e sim para estar mais disponível, para ser mais útil aos meus amigos, parentes, a todos os cidadãos e, por fim, a toda a humanidade. Pronto e determinado, eu sigo Zenão, Cleantes, Crisipo[2]; embora nenhum

deles tenha buscado a vida pública, nenhum deixou de enviar-lhe os seus discípulos.

11 E quando alguma coisa golpeia a minha alma não acostumada ao choque, quando me acontece alguma coisa inoportuna – como tantas na vida do homem – ou nada fácil de resolver, ou ainda quando os problemas que não devem ser estimados em alta conta demandam muito do meu tempo, eu retorno para o ócio e, como fazem também os rebanhos fatigados, apresso o meu passo rumo a casa. Agrada-me confinar a vida entre as suas paredes; digo a mim mesmo: "Ninguém tome de mim um único dia se não der em troca nada digno de tão grande perda; que a minha alma se apegue a si mesma, que se cultive, que não se ocupe com nada alheio, com nada que espere a aprovação de um juiz; que se aprecie a tranquilidade isenta das preocupações de ordem pública e privada".

12 Mas, depois que uma leitura mais forte elevou a minha alma, e os nobres exemplos me estimularam com seu aguilhão, o que mais quero é correr ao fórum, emprestar a minha voz a um, dar assistência a outro – mesmo que isso não resulte em nada, ao menos valerá a tentativa de ser útil –, reprimir no fórum a soberba do tolo inchado pelos seus sucessos.

13 Em meus estudos literários, estou convicto, por Hércules, de que é melhor fixar o olhar sobre o tema em si e falar em razão dele, confiar que as palavras lhe estejam subordinadas a fim de que a linguagem espontânea siga aonde quer que ele a leve: "Para quê compor uma obra que há de durar por séculos? Você quer fazer isso só para que os pósteros não se calem a seu respeito? Para morrer é que você nasceu, um funeral silencioso tem

menos pesares! Por isso, ocupe o seu tempo escrevendo num estilo simples, para o seu próprio uso, e não para a publicação; não é necessário tanto trabalho para aqueles que se aplicam durante o dia.

14 Mas, novamente, tendo a minha alma se exaltado com a grandeza desses pensamentos, logo se torna ambiciosa de palavras e, quanto mais alto ela aspira, mais alto anseia por eloquência, e o discurso flui rumo à dignidade do tema; então, esquecido da minha regra e do meu critério mais contido, deixo-me levar por um tom sublime, com uma voz que já não é mais minha.

15 Para que não continue por muito tempo em cada exemplo, em todos os casos, acompanha-me essa fraqueza de boas intenções. E tenho medo de, pouco a pouco, ir me perdendo nela ou, o que é mais preocupante, que esteja sempre dependurado, como se prestes a cair, e que talvez isso seja mais sério do que eu próprio consiga perceber. De fato, olhamos com indulgência os nossos assuntos domésticos, e a parcialidade sempre prejudica o nosso julgamento.

16 Penso que muitos poderiam chegar à sabedoria se não pensassem já ter chegado a ela, se não dissimulassem em si certos defeitos, se não passassem por outros com os olhos fechados. Com efeito, não julgue que nos perdemos mais pela adulação alheia do que pela nossa. Quem ousou dizer a verdade a si mesmo? Quem, embora colocado no meio de um bando de bajuladores aplaudindo, não foi, ele próprio, o maior bajulador de si mesmo?

17 Por isso, eu lhe peço, se você tem algum remédio que acabe com esta minha vacilação, que me considere digno de dever-lhe a tranquilidade. Sei que não são perigosos esses movimentos da alma e tampouco trazem qualquer tumulto; para que expresse a você, por meio de uma boa metáfora, aquilo de que me queixo, não é pela tempestade que sou atormentado, mas pelo enjoo. Então, tire de mim este mal, qualquer que seja ele, e socorra quem padece enquanto avista a terra firme.

[II
O remédio de Sêneca:
a tranquilidade]

1 SÊNECA: Por muito tempo, Sereno, tenho me perguntado em silêncio a que devo comparar tal condição da alma e não encontro exemplo mais próximo que o daqueles que, livres de uma longa e grave doença, são tocados, de vez em quando, por crises de febre e pequenas indisposições; e mesmo depois de superarem os seus últimos vestígios, ainda se inquietam com suspeitas e estendem, já saudáveis, o pulso para os médicos, reclamando, sem razão, de qualquer calor no corpo. Não é, Sereno, que o corpo deles está pouco sadio, e sim que está pouco habituado à saúde; assim como até mesmo o mar tranquilo tem uma certa ondulação, sobretudo quando se acalmou após uma tempestade.

2 Por isso, não há necessidade daquelas medidas mais duras, às quais já transpusemos, como resistir a você mesmo em certos casos, enfurecer-se em outros ou cobrar muito de si com severidade, mas daquilo que vem agora: ter confiança em si mesmo e acreditar que você vai pelo caminho certo, nada de ser desviado pelos muitos rastros que se entrecruzam daqueles que vagam em todas as direções, alguns deles errando em torno do próprio caminho.

3 Entretanto, o que você deseja é algo grande e supremo, próximo da esfera divina: não ser perturbado. Para esse lugar estável da alma, os gregos dão o nome de *euthymia*, sobre a qual há um livro notável de Demócrito[3]; eu a chamo de tranquilidade. Pois não é preciso imitar e reproduzir palavras segundo sua letra original; o próprio conceito, sob discussão, deve ser designado por um nome que tenha a força do termo grego, não a sua forma.

4 Buscamos, portanto, de modo que a alma sempre vá por um curso regular e favorável, que ela esteja bem disposta consigo mesma, que veja feliz sua condição e que essa alegria não se interrompa, mas permaneça num estado calmo, nunca se exaltando nem se deprimindo. Isso será a tranquilidade. Busquemos, de um modo geral, como se pode chegar até ela; você tomará desse remédio universal o quanto quiser.

5 Enquanto isso, deve-se trazer, abertamente, todo o vício, do qual cada um há de reconhecer então a sua parte; ao mesmo tempo, você entenderá quanto é menor o problema que tem com o enfado de si mesmo do que o daqueles que, acorrentados a uma declaração pomposa e lutando sob o peso de um grande título, se mantêm nesse fingimento mais por vergonha do que por vontade.

6 Todos estão na mesma situação, tanto aqueles que são atormentados pela inconstância, pelo tédio e pela mudança de propósito, a quem sempre agrada mais aquilo que deixaram de lado, quanto os indolentes que vivem bocejando. Junte aqueles que, não diferentes dos que têm um sono difícil, ficam virando e se acomodando numa e noutra posição até encontrar o descanso no cansaço.

Modificando, repetidamente, o estado das suas vidas, eles acabam permanecendo naquele em que são apanhados não pelo ódio à mudança, mas pela velhice preguiçosa para o novo. Junte também aqueles que são pouco volúveis, não por culpa da constância, mas da inércia, vivendo não do modo que querem, mas do modo que começaram a viver.

7 Enfim, incontáveis são as características desse vício, mas há apenas um efeito: estar descontente consigo mesmo. Isso nasce da oscilação do nosso equilíbrio mental e dos desejos tímidos ou frustrados, quando os homens não ousam ou não alcançam o quanto desejam e se inclinam totalmente para a esperança. Estes são sempre instáveis e volúveis, como necessariamente acontece aos que levam uma vida suspensa. Eles pegam qualquer via para realizar os seus desejos; instruem-se nas coisas desonestas e difíceis, obrigam-se a elas e, quando seu esforço não tem recompensa, acabam sendo torturados por uma vergonha inútil e se condoem não por terem querido algo errado, mas por terem querido em vão.

8 Depois os tomam o arrependimento de terem começado e o medo de recomeçar; eis que se lhes insinua aquela agitação da alma que não encontra nenhuma saída, pois eles não podem mais nem governar os seus desejos nem lhes obedecer; soma-se a isso a hesitação de uma vida que pouco se desenvolve, a inércia da alma entorpecida em meio às esperanças malogradas.

9 E tudo isso fica mais grave quando, por ódio à sua penosa infelicidade, eles se refugiaram no ócio, nos estudos solitários, os quais são insuportáveis para a alma animada com os assuntos públicos, ávida de ação, inquieta por natureza e que,

decerto, tem pouca satisfação dentro de si; é por isso que, retirados os prazeres que os próprios negócios oferecem às pessoas ativas, a alma delas não suporta o lar, a solidão, as paredes de um cômodo e se vê, a contragosto, abandonada.

10 Daí aquele tédio e descontentamento de si, aquela vacilação da alma sem descanso em nenhum lugar, a triste e lânguida resignação à própria inatividade; sobretudo quando alguém se envergonha de confessar as causas do seu estado e o pudor leva os tormentos para dentro, os desejos, confinados dentro de limites estreitos e sem saída, sufocando-se uns aos outros. Daí o pranto e a melancolia e as mil flutuações de uma mente incerta, que as esperanças, mal começadas, mantêm suspensa, e triste, depois de fracassadas; daí aquele sentimento de desprezo pelo próprio ócio e de lamento por não terem nada com que se ocupar, aquela inveja muitíssimo amarga do sucesso alheio, pois a inércia estéril alimenta o despeito e eles desejam a ruína de todos, já que não puderam progredir.

11 Então, dessa aversão ao progresso dos outros e da desesperança dos seus próprios, a sua alma, zangada com a fortuna, reclama dos tempos e se retira para os cantos, meditando sobre seus problemas enquanto se enfada e se enoja de si mesma. Com efeito, é da natureza da alma humana ser ativa e propensa ao movimento. É agradável para ela qualquer oportunidade de excitamento e distração, mais agradável ainda àqueles de péssima índole, que se safam, de boa vontade, de suas ocupações. Assim como há certas feridas que anseiam por mãos que hão de lhes trazer a dor, inclusive se alegram com o toque, e uma coceira nojenta do corpo se

deleita com qualquer coisa que a irrite, igualmente eu diria que essas almas, das quais os desejos irromperam como se fossem feridas malignas, têm prazer no afã e no sofrimento.

12 De fato, há certas coisas que agradam ao nosso corpo, mesmo acompanhadas de um pouco de dor, como virar-se e mudar para um lado que ainda não está cansado e refrescar-se ora numa ora noutra posição, tal qual o Aquiles[4] de Homero, ora deitado de bruços, ora de costas, ajeitando-se em várias posturas, pois é próprio do doente não suportar nada por muito tempo e usar as mudanças como remédios.

13 Daí se empreendem viagens sem rumo, erra-se por praias inóspitas e, sempre hostil ao presente, põe-se à prova a inconstância, seja no mar, seja na terra. "Agora vamos à Campânia[5]!" Mas já aqueles campos deleitosos os enfadam: "Vamos ver os lugares agrestes, exploremos as matas de Brútio e da Lucânia[6]!" No entanto, nesses ermos selvagens, requer-se algo de ameno, em que seus olhos mimados possam encontrar alívio da eterna desolação dessas paragens horrendas: "Então vamos a Tarento, com seu famoso porto e inverno ameno, um território rico o bastante até para sua antiga população". Contudo, faz muito tempo que seus ouvidos se privaram do aplauso e do barulho; até mesmo lhes agrada desfrutar do sangue humano: "Mudemos agora o curso para Roma".

14 Empreende-se uma viagem atrás da outra e trocam-se espetáculos por outros espetáculos. Como diz Lucrécio:

Assim, cada um sempre escapa de si[7].

Mas de que adianta se ele não escapa de si mesmo? Ele próprio se persegue, ele próprio se oprime como uma companhia insuportável.

15 Por isso, devemos entender que o tormento que sofremos não está nos lugares, mas em nós; somos fracos para suportar qualquer coisa, não aguentamos o trabalho, nem o prazer, nem a nós mesmos, nem coisa alguma por muito tempo. É isso que levou alguns homens à morte, porque, ao mudar frequentemente os seus propósitos, eles acabavam voltando ao mesmo ponto sem ter deixado espaço para novidade. O tédio, para eles, começou a ser a vida e o próprio mundo, e surgiu neles este pensamento, próprio de quem se consome nos deleites: "Até quando as mesmas coisas?"

[III
Atenodoro e o retiro da vida pública]

1 Você me pergunta que auxílio eu penso que deve ser usado contra esse tédio. O melhor seria, como diz Atenodoro[8], ocupar-se nos afazeres, na administração do Estado, nos deveres de um cidadão. Pois, como certos homens passam o dia ao sol, no exercício e no cuidado do corpo – e aos atletas nada é mais útil que fortalecer, na maior parte do tempo, os músculos e a força física, a que sozinhos tanto se dedicaram –, assim para vocês, que estão preparando a alma para as lides da vida pública, de longe é mais belo dedicar-se a uma só atividade. De fato, quando se tem o propósito de servir aos seus compatriotas e a todos os mortais, ao mesmo tempo tanto se exercita quanto progride aquele que se posta no centro dos seus deveres, administrando interesses públicos e privados conforme a sua capacidade.

2 "Mas", afirma o filósofo, "nesta tão louca ambição dos homens, em meio a tantos caluniadores distorcendo para o mal as intenções honestas, visto que a franqueza dificilmente está segura, que sempre haverá mais estorvos que sucessos, é preciso, decerto, retirar-se do fórum e da vida pública. Contudo, mesmo em privado, uma grande alma tem por onde se exibir livremente; se o ímpeto dos leões e dos outros animais é refreado por suas jaulas, não é assim com os homens, cujas maiores ações se dão no isolamento.

3 "Ele, contudo, se afastará de tal modo que, onde quer que o seu ócio o esconda, queira ser útil a cada um e ao mundo com seu talento, sua voz e seu conselho. Não somente é útil ao Estado quem promove candidatos, defende os réus e vota pela paz e pela guerra, mas também quem exorta a juventude, quem, em meio à tanta carência de bons professores, instila a virtude nas almas, quem agarra e traz de volta aqueles que estão se precipitando na corrida pelo dinheiro e pelo luxo e, se nada mais ele consegue, pelo menos os retarda – tal homem realiza um serviço público, mesmo em âmbito privado.

4 "Porventura, é mais importante o homem que, nos litígios entre estrangeiros e cidadãos ou como pretor urbano, proclama aos presentes um veredito formulado pelos seus assessores do que quem diz o que é a justiça, o que é a devoção, o que é a paciência, o que é a coragem, o que é o desprezo pela morte, o que é o conhecimento dos deuses e como é seguro e gratuito o bem de uma boa consciência?

5 "Portanto, se você dedicar aos estudos o tempo subtraído aos deveres públicos, não terá desertado nem rejeitado a sua obrigação. Com efeito, um soldado não é só quem fica na linha de frente e defende a ala direita ou esquerda, mas também quem guarda os portões e ocupa um posto menos perigoso (mas longe de ser prescindível), quem cumpre a vigília e defende o arsenal; essas tarefas, embora não sejam sangrentas, contam no rol dos serviços militares.

6 "Se você se voltar aos estudos, terá escapado de qualquer desgosto pela vida, não desejará a vinda da noite devido ao tédio da luz do dia nem será um peso para si mesmo ou inútil para os outros; você atrairá muitos para a sua amizade e os melhores virão até você. De fato, nunca, mesmo obscura, a virtude se esconde, pelo contrário: ela sempre dá os seus sinais; qualquer um que for digno há de seguir os seus rastros.

7 "Mas, se eliminamos todo tipo de convívio social e renunciamos ao gênero humano, vivendo concentrados somente em nós mesmos, seguirá a essa solidão carente de qualquer interesse a falta de realizações. Começaremos a erguer alguns edifícios, a derrubar outros, a recuar o mar, a desviar as águas contra a dificuldade dos terrenos, a gastar mal o tempo que a natureza nos deu para ser usado.

8 "Alguns de nós se servem dele com moderação, outros, com prodigalidade; alguns o gastam de tal modo que possam prestar contas dele, outros, de modo que não tenham saldo algum – e nada é mais vergonhoso do que isso. Não é raro que um velho, já bastante avançado em anos, não tenha outra evidência com a qual comprove ter vivido por muito tempo, além da sua idade."

[IV
A objeção de Sêneca]

1 Para mim, caríssimo Sereno, parece que Atenodoro se sujeitou bastante às circunstâncias, recuou cedo demais. Eu mesmo não negaria que, às vezes, temos de ceder terreno, mas isso de forma gradual, salvando os nossos estandartes, salvando a nossa honra militar. Têm mais respeito e garantias junto aos seus inimigos aqueles que se rendem com armas em punho.

2 É isso o que eu penso que a virtude e o aspirante à virtude devem fazer: se a fortuna prevalecer e cortar toda possibilidade de ação, que o homem não dê logo as costas e fuja, desarmado, à procura de um esconderijo, como se houvesse algum lugar onde a fortuna não pudesse buscá-lo, mas que se dedique, moderadamente, aos seus deveres e, durante a sua escolha, encontre algo em que seja útil para o Estado. 3 Não lhe é permitido o exército? Busque os cargos civis. Deve viver como um particular? Seja um defensor. Foi-lhe imposto o silêncio? Apoie seus compatriotas com tácito auxílio. É perigoso até mesmo entrar no fórum? Nas residências particulares, nos espetáculos, nos banquetes, mostre-se um bom companheiro, um amigo fiel, uma companhia moderada. Perdeu os deveres de cidadão? Exerça os do homem.

4 É por isso que, magnânimos, nós não ficamos reclusos dentro das muralhas de uma só cidade, mas nos lançamos ao contato com o orbe inteiro, declaramos o mundo como a nossa pátria, de modo que fosse permitido dar à virtude um campo mais largo. O assento dos magistrados lhe está vetado e não lhe deixam falar na tribuna ou nos comícios? Olhe atrás de você: quantas nações, tão vastas, estão abertas, quantos povos! Nunca lhe será vedada uma parte tão grande que não fique outra ainda maior.

5 Mas cuide para que isso não seja um defeito todo seu; com efeito, você não quer administrar o Estado a não ser como cônsul[9], prítane[10], cérix[11] ou sufete[12]. Então você não gostaria de combater a não ser como um general ou tribuno? Mesmo que outros ocupem a linha de frente, e a sorte o tiver colocado na terceira linha, combata de lá com sua voz, com sua exortação, com seu exemplo, com seu espírito; até tendo as mãos decepadas, encontra o que oferecer aos seus partidários na batalha aquele que, no entanto, continua de pé e apoia com seu clamor.

6 Você deve comportar-se de forma parecida: se a fortuna lhe tirar os primeiros postos do Estado, continue, no entanto, de pé e apoie com seu clamor, e se alguém apertar a sua garganta, continue e apoie com seu silêncio. Nunca é inútil o serviço de um bom cidadão; ele ajuda só com ser ouvido e visto, com seu semblante, com seu aceno, com sua tácita obstinação e com o próprio andar.

7 Como certos remédios salutares que, sem serem provados ou tocados, ainda assim são benéficos só com o seu odor, também a virtude espalha seu proveito, mesmo que de longe e encoberta. Quer ela se estenda e atue livremente, quer tenha saídas precárias e seja obrigada a recolher as velas, quer seja inativa e muda, confinada em limites estreitos, quer se mostre a todos: em qualquer situação, ela é útil. Então, por que você acha que é pouco útil o exemplo de quem vive bem em seu retiro?

8 Por isso, é melhor, de longe, combinar o ócio com as atividades todas as vezes que uma vida atuante for impedida por obstáculos fortuitos ou pela condição do Estado. Com efeito, nunca estão bloqueadas todas as vias até o ponto de não haver lugar para uma ação honesta.

[V
Os exemplos de Sócrates e de Cúrio Dentato]

1 Acaso você pode encontrar uma cidade mais infeliz do que a dos atenienses quando os trinta tiranos[13] a despedaçaram? Eles mataram mil e trezentos cidadãos, os mais notáveis, e nem por isso deram fim à sua crueldade, a qual por si mesma se incitava. Nessa cidade, havia o areópago, o mais sagrado dos tribunais; nela havia um senado e uma assembleia popular semelhante ao senado. Todos os dias, reunia-se aí o triste grupo de carrascos e a cúria sinistra era estreita demais para tantos tiranos! Podia essa cidade descansar, havendo tantos tiranos quantos eram seus capangas? Não podia ser oferecida qualquer esperança de recuperar a liberdade, nem surgia qualquer possibilidade de remédio contra tamanha violência de homens ímpios. Onde buscar para essa triste cidade tantos Harmódios?[14]

2 Sócrates, no entanto, estava no meio disso tudo: ele consolava os senadores aos prantos, exortava os que se desesperavam da situação do Estado, aos ricos que temiam por suas riquezas, reprovava o arrependimento tardio de sua perigosa avareza e, para aqueles que queriam imitá-lo, oferecia-lhes o grande exemplo ao avançar, livremen-

te, entre os trinta soberanos. 3 Este, contudo, é o homem que a própria Atenas matou no cárcere, aquele que tinha zombado abertamente de um bando de tiranos morreu porque uma cidade livre não tolerou a sua liberdade. Daí você pode aprender que, mesmo num governo agitado, o homem sábio encontra a ocasião de se manifestar, mas também que, em tempos flóreos e felizes, reinam a afronta, a inveja e mil outros vícios vindos da inatividade.

4 Sendo assim, conforme se apresentar a situação política, conforme a fortuna o permitir, nós haveremos de nos desenvolver ou nos retrair; de todo modo, estaremos sempre em movimento e não paralisados, como se estivéssemos atados pelo medo. Muito pelo contrário, será um homem de verdade aquele que, rodeado de perigos ameaçadores, diante das armas e grilhões vibrando à sua volta, não terá posto em perigo nem ocultado a sua virtude, pois cobrir a si mesmo não é salvar a si mesmo.

5 Dizia Cúrio Dentato[15], acho que com razão, que preferia estar morto a viver como um morto; o pior dos males é sair do grupo dos vivos antes de sua morte. Mas, se você cair em tempos de vida pública impraticável, será necessário reivindicar mais o ócio e as letras e, tal como durante uma navegação perigosa, buscar, constantemente, um porto e não esperar até que os eventos o deixem, mas que você se separe deles por conta própria.

[VI
A avaliação de si, das coisas e das pessoas]

1 No entanto, primeiro deveremos examinar a nós mesmos, depois, os negócios que vamos empreender e, finalmente, os homens pelos quais ou com os quais agiremos.

2 Antes de tudo, é necessário avaliar a si mesmo, porque, quase sempre, parece que nós suportamos mais do que realmente podemos. Um vai cair confiado na sua eloquência, outro exigiu do seu patrimônio mais do que ele pode aguentar, outro ainda afligiu o corpo enfermo com trabalho extenuante. A timidez de alguns é pouco afeita aos cargos públicos, que pedem um semblante forte; a teimosia de outros não se presta ao tribunal; alguns não têm a raiva sob controle e qualquer indignação os induz a palavras temerárias; outros não sabem conter a brincadeira nem se abstêm de chistes perigosos. Para todos esses, o sossego é mais útil do que a ocupação; que uma natureza feroz e impaciente evite os incitamentos de uma liberdade que lhe será danosa.

3 Deve-se, em seguida, avaliar os negócios que empreendemos, e também comparar as nossas forças com as atividades que estamos prestes

a realizar, pois sempre deve ser mais forte o executor do que a sua tarefa: é forçoso que cargas muito grandes para quem as carrega venham a esmagá-lo.

4 Além disso, há certas atividades que não são tão importantes quanto prolíficas e ainda trazem muito mais complicações. Tais atividades, das quais surgem novas e inumeráveis ocupações, devem ser evitadas, e tampouco deve-se ir a um lugar de onde não haja livre regresso; você deve pôr a mão somente naquelas tarefas que pode terminar ou, ao menos, esperar terminar, afastando-se daquelas que se estendem além da medida e não findam onde você propunha.

[VII
O bem das verdadeiras amizades]

1 É preciso, particularmente, ter cuidado na escolha dos homens: se são dignos de lhes dedicarmos uma parte da nossa vida, se têm em conta o tempo que perdemos por eles, pois alguns chegam a cobrar de nós os serviços que lhes prestamos de boa vontade.

2 Atenodoro diz que, de maneira nenhuma, iria a um jantar de quem não se sentisse em dívida com ele por isso. Suponho que você entende que ele muito menos iria à casa daqueles que igualam um convite à mesa com os serviços de seus amigos, que enumeram os pratos como nas distribuições de alimentos, como se estivessem sendo descomedidos para prestar honra aos outros. Retire deles testemunhas e espectadores: não há de lhes agradar uma taverna escondida.

É preciso considerar se a sua natureza está mais apta para realizar ações ou para o estudo sossegado e a contemplação, e se inclinar para onde leve a força do seu gênio. Isócrates agarrou Éforo e o retirou do fórum, julgando que este seria mais útil em compor obras de história[16]. De fato, respondem mal as vocações coagidas; quando a natureza se opõe, o esforço é nulo.

3 Nada, no entanto, dá tanto prazer para a alma quanto uma amizade fiel e afetuosa. Como é bom quando há corações dispostos, nos quais se deposite qualquer segredo em segurança, quando você teme mais a sua consciência do que a dos seus amigos, cuja conversa vem aliviar a sua ansiedade, cujo conselho descomplica a sua decisão, cuja alegria dissipa a sua tristeza e até a mera presença deles lhe apraz! É claro que escolheremos, quanto possível, aqueles que sejam vazios de desejos egoístas, pois os vícios vêm serpenteando e saltam rapidamente sobre quem estiver mais próximo, sendo nocivos pelo contato.

4 Por isso, assim como numa epidemia, devemos cuidar para não estar próximos a pessoas já contaminadas e ardendo em febre, pois correremos perigo e ficaremos doentes por causa da própria respiração delas, também, ao selecionarmos nossos amigos, levaremos em conta o seu caráter, para que nos associemos aos menos maculados: o início da doença está no juntar o sadio com o doente. Ainda assim, eu não poderia aconselhá-lo a seguir ou atrair ninguém que não seja sábio. Afinal, onde você vai encontrar aquele que procuramos por tantos séculos? No lugar do melhor, o menos ruim!

5 Dificilmente, você teria uma oportunidade de escolha mais feliz se procurasse os bons entre Platões e Xenofontes, entre aquela progênie de estirpe socrática; ou se lhe ocorresse essa possibilidade na época catoniana, que gerou muitíssimos homens dignos de nascer nos tempos de Catão[17], assim como muitos dos piores já conhecidos

e autores dos maiores crimes; com efeito, esses dois tipos eram necessários para que pudessem distinguir um Catão: devia haver tanto os bons homens, para os quais ele desse provas de si, quanto os maus, nos quais experimentasse a sua força. Mas agora, com tamanha penúria de bons homens, a escolha se faz menos escrupulosa.

6 Entretanto, evitem-se, principalmente, os tristes e aqueles que tudo lamentam, para os quais não há nada que não motive as suas queixas. Embora leal e afetuoso, o companheiro inquieto e que fica chorando por tudo é um inimigo para a tranquilidade.

[VIII
Dinheiro: um
grande perigo para a
tranquilidade]

1 Passemos agora aos patrimônios, a maior fonte dos sofrimentos humanos. De fato, se você comparar todas as outras pelas quais nos angustiamos – mortes, doenças, medo, desejos, sofrimento de dores e fadigas – com aquelas que o nosso dinheiro nos apresenta, essa parte há de pesar muito mais.

2 Sendo assim, deve-se refletir como é mais leve a dor de não ter dinheiro do que a de perdê-lo; e entender que, para a pobreza, quanto menos ela tem a perder, menos motivo tem para nos atormentar. Você, portanto, está errado se pensa que os ricos suportam com mais ânimo os seus prejuízos: a dor de uma ferida é igual para os maiores e para os menores corpos.

3 Bíon[18] dizia, argutamente, que não é menos penoso aos calvos do que aos cabeludos ter algum fio de cabelo arrancado. Pois saiba que a mesma coisa se dá no que diz respeito aos pobres e aos opulentos; para eles, é igual o sofrimento, uma vez que a ambos está aderido o seu dinheiro e não lhes pode ser tirado sem que o sintam. Todavia, como

eu disse, é mais tolerável e mais fácil não adquirir do que perder; por isso, você verá que são mais alegres aqueles que a fortuna nunca olhou do que aqueles que ela abandonou.

4 Diógenes[19], homem de grande alma, viu isso e fez com que nada lhe pudesse ser tomado. Chame isso de pobreza, miséria ou penúria; imponha a esse desapego o nome infame que quiser. Não vou considerar esse homem feliz se você me achar outro que não tenha nada a perder. Ou eu estou enganado ou isso é estar num reino cheio de avarentos, fraudadores, ladrões e plagiários e ser o único a quem não se pode lesar.

5 Se alguém duvida da felicidade de Diógenes, também pode duvidar da condição dos deuses imortais, se lhes falta felicidade porque não têm propriedades, nem jardins, nem campos preciosos cultivados por um colono estrangeiro, nem grandes rendimentos no fórum. Não se envergonha, você que fica pasmo com riquezas? Vamos, olhe para o céu: há de ver deuses desnudos, dando tudo e nada tendo. Então, você considera pobre ou semelhante aos deuses imortais esse homem que se despiu de todos os bens fortuitos?

6 Você diz que Demétrio Pompeiano[20] é mais feliz, ele que não se envergonhou de ser mais abastado do que Pompeu? Todos os dias, era-lhe reportado o número de seus escravos, como ao general o efetivo do seu exército, ele que, pouco tempo antes, devia ter como riqueza dois subordinados e um cômodo pouco espaçoso.

7 Já o único escravo de Diógenes fugiu e este não pensou que valia tanto trazê-lo de volta depois que foi descoberto. "É vergonhoso",

ele disse, "que Manes possa viver sem Diógenes e que Diógenes não possa viver sem Manes". Para mim, é como se ele dissesse: "Cuide da sua vida, fortuna; na casa de Diógenes, não há mais nada para você. Eis que fugiu o meu escravo, ou melhor: eu é que me libertei!"

8 Os escravos requerem roupas e comida; são tantas barrigas de criaturas esfomeadas que devemos satisfazer, comprar-lhes roupas, vigiar mãos tão propensas ao furto e ainda utilizar os serviços de pessoas que ficam chorando e nos amaldiçoando. Quanto é mais feliz aquele que não deve nada a ninguém, exceto a quem é mais fácil dizer não: a si mesmo!

9 Contudo, uma vez que nós não temos toda essa firmeza de alma, devemos, pelo menos, reduzir o nosso patrimônio para que fiquemos pouco expostos às injúrias da fortuna. Na guerra, são mais preparados aqueles corpos que podem recolher-se atrás das armas do que aqueles que transbordam, e cujo tamanho os expõe, de todos os lados, a feridas. O melhor limite para o nosso dinheiro é aquele que nem cai até a pobreza, nem da pobreza se distancia muito.

[IX
A busca pela parcimônia]

1 Mas essa medida há de nos satisfazer se antes a parcimônia nos tiver satisfeito, sem a qual nenhuma riqueza é suficiente, nenhuma é ampla o bastante, sobretudo quando o remédio está tão perto e a própria pobreza, ao convocar a frugalidade em seu auxílio, pode converter-se em riqueza.

2 Criemos o hábito de afastar de nós a pompa e apreciar a utilidade das coisas, não seus ornamentos. Que a comida subjugue a fome; a bebida, a sede; a libido flua para onde é necessária; aprendamos a nos apoiar sobre os próprios membros, a regular o nosso modo de vida e de alimentação não com a última moda, mas como os velhos costumes aconselham; aprendamos a aumentar o comedimento, a tolher o luxo, a moderar a ambição, a suavizar a cólera, a observar a pobreza com bons olhos, a cultivar a frugalidade (ainda que muitos se envergonhem disso), a aplicar remédios cada vez mais baratos em nossas necessidades naturais, a manter, como que acorrentadas, as esperanças incontidas e a alma voltada apenas para o futuro, a nos empenhar para que busquemos as riquezas mais em nós mesmos do que na fortuna.

3 Nunca é possível que tamanha diversidade e iniquidade do acaso sejam de tal

modo repelidas, que muitas tempestades não varram aqueles que lançam ao mar tantos navios. Devemos, pois, limitar as nossas ações a um curto espaço para que os dardos da fortuna caiam no vazio; por isso, exílios e desgraças se tornam, às vezes, um remédio e os males mais graves são curados por incômodos mais leves. Quando a alma ouve pouco os preceitos e não pode ser curada de forma mais branda, por que não faria bem se fossem impostas a ela a pobreza, a infâmia, a ruína, contrapondo um mal a outro mal? Criemos, portanto, o hábito de poder jantar sem uma multidão, de depender de poucos escravos, de ter roupas para os fins com que foram criadas, de morar num espaço menor. Não só nas corridas e nas disputas do circo, mas também nas arenas da vida, é preciso fazer a curva mais fechada.

4 Mesmo a despesa para os estudos, que é a mais honrosa, tem a sua razão até uma certa medida. Para que uma infinidade de livros e bibliotecas, se o dono, durante toda a sua vida, mal consegue ler os títulos? Tal quantidade oprime o aluno, não o instrui; é muito melhor você se entregar a poucos autores do que vagar por muitos.

5 Quarenta mil livros arderam em Alexandria[21]; há quem tenha louvado esse belíssimo monumento à riqueza dos reis, como Tito Lívio[22], que disse ter sido uma obra notável do refinamento e da diligência real. Aquilo não foi refinamento, ou diligência, mas exagero intelectual; quer dizer, nem mesmo intelectual, já que não haviam reunido os livros para o estudo, mas tão somente para a ostentação; da mesma forma, para muitos ignorantes, que sequer sabem as primeiras letras, os livros não são instrumentos de estudo, mas decoração na sala de

jantar. Reúnam-se, portanto, tantos livros quantos necessários, nenhum para ostentação.

6 "É mais honesto", você diz, "gastar nisso do que em bronzes de Corinto e em quadros". Mas o excesso, em qualquer coisa, torna-se um vício. Que desculpa você tem para perdoar o homem que vive à busca de estantes de cedro e marfim, que coleciona obras de autores desconhecidos ou reprováveis e fica bocejando em meio a tantos milhares de livros, a quem mais dão prazer o exterior dos volumes e seus títulos?

7 Decerto, você verá, na casa dos mais preguiçosos, tudo quanto é livro de oratória e história, em prateleiras erguidas até o teto; entre a sala de banho e as termas, já se vê também uma biblioteca sendo terminada, como um ornamento necessário de uma grande casa. Eu perdoaria, perfeitamente, se estes errassem pelo desejo excessivo de conhecimento. Mas hoje essas obras reunidas de gênios consagrados, organizadas com os retratos dos autores, são adquiridas para exibição e adorno das paredes.

[X
A moderação das
próprias ambições]

1 Mas talvez você tenha caído em alguma situação difícil da vida e, antes que perceba, os eventos, de ordem pública ou particular, atiraram-lhe um laço que você nem pode desatar nem romper. Pense nos prisioneiros que, no começo, mal suportam o peso e os grilhões nos seus pés; depois, ao decidirem não se indignar contra eles, mas se conformar, eis que a necessidade os ensina a suportá-los com bravura, e o hábito, com facilidade. Você vai encontrar, em qualquer tipo de vida, diversões, relaxamentos e prazeres se quiser pensar que são leves os seus males, em vez de torná-los odiosos.

2 Nenhum título que a natureza recebeu de nós – sabendo para quais tristezas nascemos – é melhor do que o de ter criado o hábito como lenimento das desgraças, o qual logo nos familiariza aos males mais graves. Ninguém aguentaria se a frequência das adversidades mantivesse a mesma força dos seus primeiros golpes.

3 Todos estamos atados à fortuna. A corrente de alguns é dourada e frouxa, a de outros, apertada e sórdida; mas o que importa? A mesma

prisão cercou a todos nós, e presos também estão aqueles que prenderam, a não ser que você ache que a corrente à mão esquerda é mais leve[23]. Uns estão vinculados aos cargos públicos, outros, às riquezas; uns são oprimidos pela origem nobre, outros, pela humilde; uns abaixam a cabeça sob a tirania alheia, outros, sob a sua própria; alguns são mantidos num só lugar pelo exílio, outros, pelos sacerdócios. Toda vida é uma escravidão.

4 Por isso, é necessário habituar-se à própria sorte, queixar-se o mínimo possível dela e agarrar qualquer bem que está ao nosso redor; nada é tão amargo que uma alma serena não encontre algum consolo. Muitas vezes, áreas minúsculas, graças à engenhosidade do arquiteto, revelam muitos usos, e a boa disposição torna um espaço habitável, embora ele seja apertado. Aplique a razão às dificuldades; o que é duro pode ser amolecido, o que é estreito, alargado, e o que é pesado sobrecarrega menos quem o suporta com sabedoria.

5 Além disso, os nossos desejos não devem ir para longe, mas permitamos que eles saiam pela vizinhança, já que não suportam ficar de todo reclusos. Relegando o que é impossível ou muito difícil de ser feito, sigamos o que está próximo à mão e sorri para a nossa esperança; porém saibamos que todas as coisas são igualmente irrelevantes: por fora, elas têm rostos variados, por dentro, são sempre vazias. Nem invejemos aqueles que estão mais elevados; o que parecia um cume é, na verdade, a beira do precipício.

6 Aqueles, por outro lado, que uma sorte injusta colocou numa condição perigosa estarão mais seguros ao reduzir a altivez dessa condição – altiva por si mesma –, e trazer a sua fortuna, o

máximo possível, para o nível comum. Há muitos, decerto, que devem ficar, necessariamente, agarrados ao seu pináculo, do qual não podem descer, a não ser caindo; entretanto, eles atestam que isso é o seu maior ônus, pois são forçados a pesar sobre os outros, uma vez que não foram levantados, mas pregados. Que estes se preparem, com sua justiça, doçura, humanidade, mão larga e benigna, para dispor de muitas defesas contra os infortúnios que virão a seguir, na esperança de que se sintam mais seguros enquanto estão suspensos. Mas nada terá nos resguardado tão bem contra essas oscilações da alma quanto fixar, sempre, algum limite para o progresso, não dando à fortuna a decisão de terminá-lo, mas parando, nós mesmos, muito aquém dele, como advertem os exemplos alheios. Assim, ainda que alguns desejos fiquem espicaçando a alma, eles estarão limitados e não a conduzirão ao que é descomedido e incerto.

[XI
O verdadeiro sábio e
a fortuna]

1 Esta minha fala se refere aos imperfeitos, aos fracos e aos pouco ajuizados, não ao sábio. Este não há de caminhar com timidez nem cauteloso; pois é tão grande a confiança em si mesmo que não hesita em ir de encontro à fortuna e nunca há de lhe ceder o lugar. Nem tem por que temê-la, pois considera não só os escravos, as posses e os cargos públicos, mas também seu corpo, seus olhos, sua mão e tudo o que torna a vida mais grata ao homem, e até ele mesmo se inclui entre os bens passageiros, vivendo como como alguém que foi emprestado a si mesmo e será devolvido, sem tristeza, àqueles que o pedirem de volta.

2 Ele não se vê apequenado por saber que não pertence a si mesmo, porém fará tudo com tamanha diligência, com tamanha circunspecção, como o homem escrupuloso e devoto costuma guardar aquilo que lhe foi confiado. E quando lhe for mandado devolver, ele não vai ficar se queixando com a fortuna, mas lhe dirá: "Obrigado por aquilo que possuí e mantive. 3 Administrei, é verdade, os seus bens com grande proveito, mas, como você me ordena, dou-os, cedo-os de bom grado e com prazer.

Se ainda quiser que guarde algo seu, eu o guardarei; se lhe agrada o contrário, eu devolvo e restituo a você toda a minha prataria, lavrada e cunhada, a minha casa e os meus escravos." Então, a natureza terá reclamado o que antes nos creditou, e diremos a ela: "Receba uma alma melhor do que a que você deu. Não faço rodeios nem recuo; deixo à sua disposição, de boa vontade, o que em minha inconsciência você me deu: tome-o".

4 Por que é grave voltar para onde você veio? Há de viver mal todo homem que não souber morrer bem. Sendo assim, antes de tudo, devemos reduzir o valor dado a isso e contar o alento vital entre as coisas baratas. Como diz Cícero, temos ódio daqueles gladiadores que, a todo custo, querem pedir por suas vidas; nós os favorecemos, em vez disso, se ostentam desprezo por elas. Saiba que a mesma coisa nos sucede, já que, muitas vezes, a causa da morte é o medo de morrer.

5 A própria fortuna, que brinca consigo mesma, diz: "Para que deveria conservá-lo, criatura vil e medrosa? Você receberá ainda mais ferimentos e perfurações, pois não sabe oferecer a sua garganta. Mas você, que recebe o aço com coragem, sem desviar o pescoço nem estender as mãos para impedi-lo, viverá por mais tempo e morrerá sem embaraços".

6 Aquele que teme a morte nunca fará nada digno de um homem vivo. Mas quem souber que essa condição foi estabelecida quando ainda estava sendo concebido viverá de acordo com a regra e, ao mesmo tempo, com a mesma força de alma, fará com que nada do que lhe sobrevenha seja imprevisto. Com efeito, ao prever tudo o que pode acontecer como se fosse algo certo, ele abrandará o

ataque de todos os males, que nada trazem de novo para aqueles que foram preparados e ficam à espera, mas tornam-se graves para aqueles que se sentem seguros e esperam tão somente a felicidade.

7 Existem doenças, cativeiro, ruína, incêndio; nada disso é inesperado: eu sabia muito bem em que turbulenta companhia a natureza tinha me confinado. Tantas vezes, ouviram-se gritos na minha vizinhança; tantas vezes, em frente à minha soleira, tochas e círios precederam enterros prematuros; a todo momento, ressoava ao meu lado o estrondo de um prédio desabando; muitos daqueles que o fórum, a cúria e a conversa tinham unido a mim a noite os levou, e as mãos, antes unidas em amizade, foram separadas pela tumba. Deveria admirar-me se algum dia me viessem os perigos, que sempre vagaram ao meu redor? Muitos homens não pensam na tempestade quando vão embarcar.

8 Nunca me envergonharei de uma boa citação de um autor ruim. Publílio[24], que tinha mais vigor do que os gênios trágicos e cômicos toda vez em que abandonava as tolices do mimo e as palavras dirigidas à parte mais alta da plateia, entre muitas outras máximas mais elevadas do que as que convêm ao coturno – e não apenas ao sipário[25] –, também disse esta:

> O que pode suceder a um a qualquer um pode suceder.

Se alguém permitir que isso penetre fundo até a medula e olhar todos os males alheios, cuja quantidade cotidiana é imensa, como se lhes fosse também livre o caminho até sua direção, muito antes de ser atacado, ele haverá de armar-se;

é tarde demais a alma se dispor a suportar os perigos depois que já vieram.

9 Eis que você me diz: "Não pensei que isso aconteceria" ou: "Você jamais teria acreditado que isso fosse ocorrer". Mas por que não? Quais são as riquezas que não são seguidas, logo atrás, pela carência, pela fome, pela mendicância? Qual dignidade, como a da toga pretexta, a do bastão augural, a dos calçados patrícios, não é acompanhada pela sujeira, pelas notas de censura, por mil máculas, pelo extremo desprezo? Qual reino existe sem que lhe preparem a ruína, a derrocada, o tirano, o carrasco? E essas coisas não estão separadas por grandes intervalos: entre o trono e o prostrar-se diante de joelhos alheios, há o espaço de uma hora.

10 Saiba, portanto, que toda condição é mutável e tudo o que pode ocorrer com alguém pode ocorrer com você também. Você é rico: acaso mais rico que Pompeu[26]? Ainda assim, este ficou sem pão e água quando Calígula, seu velho parente e novo anfitrião, abriu-lhe o palácio dos Césares só para fechar o dele. Apesar de possuir tantos rios que nasciam e morriam em seus domínios, ele acabou mendigando por gotas da chuva. Morreu de fome e de sede no palácio de seu parente e, enquanto agonizava, aquele, como seu herdeiro, vinha fazendo os preparativos para dar-lhe um funeral público.

11 Sim, você ocupou os mais altos cargos, mas algum tão grande, tão inesperado, tão abrangente quanto o de Sejano[27]? No dia em que o Senado lhe havia feito um cortejo, o povo o fez em pedaços; ele, para quem os deuses e os homens tinham reunido tudo quanto era possível acumular, dele nada restou que o carrasco pudesse arrastar até o Tibre.

12 Você é um rei: não hei de remetê-lo ao exemplo de Creso[28], que viveu para ver a sua própria pira ser acesa e apagada, sobrevivendo não apenas ao seu reino, mas também à sua morte; nem a Jugurta[29], que os romanos viram cativo num desfile no mesmo ano em que o tinham temido. Nós vimos Ptolomeu, rei da África, e Mitridates, da Armênia, sob custódia da guarda de Calígula; um foi enviado para o exílio, o outro desejava ser enviado com melhor garantia[30]. Em meio a tanta oscilação da sorte, que ora sobe, ora desce, se você não tem em conta que tudo pode acontecer no futuro, acaba concedendo, contra você mesmo, forças às adversidades; estas foram quebradas por qualquer um que as previu.

[XII
O empenho pelo concreto
e pelo possível]

1 Depois disso, nosso próximo ponto será não trabalharmos em coisas inúteis ou inutilmente, isto é, não cobiçar aquilo que não podemos conseguir ou, uma vez alcançado, percebermos tarde demais e depois de muito suor o vazio dos nossos desejos. Ou seja, nem o nosso esforço deve ser em vão, sem resultado, nem o resultado deve ser indigno do nosso esforço, porque, quase sempre, a tristeza deriva dessas situações, sejam elas de insucesso, sejam elas de vergonha do sucesso.

2 Deve-se reduzir esta agitação, semelhante à de grande parte dos homens, que ficam perambulando pelas residências, teatros e fóruns; eles que se envolvem nos interesses alheios, sempre parecendo ocupados com alguma coisa. Se você perguntar a algum deles, quando estão saindo de casa: "Aonde você vai? O que tem em mente?", ele lhe responderá: "Não faço a mínima ideia, mas vou ver algumas pessoas, vou fazer algo".

3 Estes vagam sem propósito buscando trabalho e nunca fazem aquilo a que se propuseram, e sim o que encontraram no caminho. Irrefletida e ociosa é a sua marcha, qual a das formigas

se insinuando pelos arbustos, elas que sobem até o galho mais alto e daí descem até a raiz sem trazer nada; muitos homens levam uma vida parecida, que alguém poderia chamar, não sem razão, de ociosidade ocupada.

4 De alguns, você se compadecerá, eles que correm como se fossem apagar um incêndio; tanto que empurram quem encontram no caminho e apressam a si e aos demais, embora, nesse tempo, tenham corrido ou para saudar alguém que não há de responder-lhes, ou para acompanhar o funeral de um homem desconhecido, ou para ver o processo de quem vive sempre litigando, ou para o casamento de quem está sempre se casando, indo atrás da liteira e, até mesmo, carregando-a em alguns pontos. Depois, quando voltam para casa cansados de um labor inútil, eles próprios juram não saber por que saíram, onde estiveram, mas, no dia seguinte, errarão pela mesma trilha.

5 Todo trabalho, portanto, deve remeter a algum objetivo, ter em vista algum fim. Não são os afazeres que tornam os homens inquietos, mas as falsas concepções das coisas, que os enlouquecem. Pois nem sequer os loucos se agitam sem alguma esperança; provoca-os a mera visão de alguma coisa, cujo vazio a sua mente doentia não é capaz de acusar.

6 Da mesma forma, são motivos vazios e fúteis que fazem circular cada um desses que saem para engrossar a multidão; mesmo não tendo o que fazer, a luz da alvorada os expulsa e, depois de terem batido, em vão, à porta de muitos e saudado todos os escravos anunciadores, tendo sido barrados por muitos, descobrem que ninguém é mais difícil de encontrar em casa do que eles próprios.

7 É desse mal que deriva aquele vício detestável de ficar ouvindo e bisbilhotando assuntos públicos e secretos, inteirando-se de muitos fatos que nem é seguro contar, nem é seguro ouvir.

[XIII
A limitação das atividades]

1 Penso que era isso que Demócrito tinha em mente quando começou assim a sua obra[31], referindo-se, é claro, às ocupações inúteis: "Se alguém quer viver com tranquilidade, que não se envolva em muitos negócios, sejam privados ou públicos". De fato, se são necessárias, devem ser empreendidas, tanto no âmbito privado quanto no público, não só muitas, mas incontáveis atividades; mas, quando nenhuma obrigação costumeira nos chama, devemos inibir as nossas ações.

2 Com efeito, quem faz muitas coisas cede quase sempre à fortuna o poder sobre si mesmo, quando é mais seguro colocá-la à prova raramente, sempre a tendo em seus pensamentos, e nada de fazer promessas com base na lealdade dela; em vez disso, diga: "Embarcarei, se nada me acontecer", "Serei pretor, se nada me impedir", "Meu negócio vai dar certo, se nada atrapalhar".

3 É por essa razão que dizemos que nada acontece ao sábio contrário à sua expectativa: não o colocamos à parte dos infortúnios humanos, mas dos seus erros, e tudo lhe sucede não

como ele desejou, mas como pensou. E, sobretudo, pensou que alguma coisa poderia opor-se aos seus propósitos. Então, é forçoso que a dor de um desejo não realizado atinja mais levemente a alma de quem, por certo, não tenha prometido a sua realização.

[XIV
A obstinação e a inconstância como inimigos da alma]

1 Devemos também nos tornar flexíveis para não nos entregarmos demais aos nossos planos e, assim, seguir aqueles para os quais o acaso nos tiver desviado, não tendo um medo exagerado ao mudar de decisão ou condição, contanto que a inconstância, o vício mais hostil à nossa quietude, não nos apanhe. De fato, é inevitável que até a obstinação seja angustiante e sofrida, da qual a fortuna, com frequência, extorque algo; contudo, muito mais penosa é a inconstância, que não se detém em nenhum lugar. Ambos são inimigos da tranquilidade: tanto o não poder mudar quanto o não poder resistir.

2 Em todo caso, a alma deve retirar-se de tudo que lhe for externo e voltar-se para si mesma. Que ela confie em si, alegre-se consigo, admire seus próprios bens, afaste-se, o quanto puder, dos bens alheios, dedique-se a si mesma, não se ressinta das perdas e interprete, no bom sentido, até mesmo os eventos adversos.

3 Zenão, o nosso mestre[32], ao receber a notícia de que todos os seus bens afundaram

num naufrágio, disse: "Ordena-me a fortuna filoso-
far mais livremente". Um tirano ameaçava o filósofo
Teodoro[33] de morte e até de deixá-lo insepulto. Este
lhe disse: "Você tem o direito de agradar a si mesmo, uma parcela do meu sangue está em seu poder;
todavia, no que diz respeito à sepultura, você é um
estulto se acha que me importo se apodreço em cima
ou embaixo da terra".

4 Júlio Cano[34], um homem verdadeiramente
grande, por quem nem mesmo o fato de ter nascido em nossa época impede a nossa admiração, teve
uma longa discussão com Calígula, este novo Fála-
ris[35], que disse enquanto ele estava de saída: "Não se
iluda com uma tola esperança; já dei a ordem para
executá-lo", ao que ele respondeu: "Muito obrigado,
excelentíssimo príncipe".

5 Não sei muito bem o que ele quis dizer com
isso, pois me ocorrem muitas possibilidades. Quis
insultá-lo, mostrando-lhe como era grande a sua
crueldade, ante a qual até a morte se tornava um
favor? Ou lhe reprovou a demência cotidiana, dado
que lhe agradeciam as mesmas pessoas cujos filhos
tinham sido assassinados e cujos bens, confiscados?
Ou aceitou a morte de bom grado, como se fosse
uma liberação? Seja como for, respondeu de forma
magnânima.

6 Alguém dirá: "Depois disso, Calígula poderia ordenar que ele vivesse". Cano não temeu isso;
era sabido que Calígula mantinha a sua palavra em
ordens desse tipo. Você acredita que Cano tenha
passado os dez dias até a sua execução sem nenhuma angústia? O que esse homem disse, o que ele
fez, o quão tranquilo esteve, isso chega a ser
quase inverossímil.

7 Eis que ele jogava num tabuleiro quando o centurião, puxando uma caterva de condenados, ordenou que também se levantasse. Ao ser chamado, ele contou as peças e disse para o seu colega: "Veja se, depois da minha morte, não vá mentir dizendo que ganhou"; depois, anuindo ao centurião, disse-lhe: "Você será testemunha de que estou um ponto à frente". Você acha que Cano realmente estava jogando naquele tabuleiro? Aquilo foi sarcasmo.

8 Seus amigos estavam consternados por perder um homem assim. Ele lhes disse: "Por que estão tristes? Vocês vivem se perguntando se as almas são imortais; eu já vou descobrir isso". Nem no fim da vida, ele deixou de escrutinar a verdade e de fazer, da sua própria morte, objeto de investigação.

9 Acompanhava-o o seu filósofo e, não longe do túmulo onde se prestava ao divino César um culto diário, diz-lhe: "No que você está pensando, Cano? O que tem em mente?". Responde-lhe Cano: "Decidi observar se, naquele brevíssimo instante, a minha alma terá a sensação de deixar o corpo". E ele prometeu que, se descobrisse algo, visitaria cada amigo seu para revelar qual era a condição das almas.

10 Eis a tranquilidade no meio da tempestade, eis um espírito digno da eternidade, que convoca o seu próprio fado para comprovação da verdade, que, ao dar o passo derradeiro, investiga sua alma que já se esvai e não só aprende algo até a hora da morte, mas também a partir da própria morte. Ninguém filosofou por mais tempo. Não será esquecido tão cedo esse grande homem, de quem falaremos com respeito. Faremos com que você permaneça na memória de todos, ó alma gloriosa, grande vítima dos massacres de Calígula!

[XV
A tolerância pelas
fraquezas humanas]

1 Mas não adianta nos livrarmos das causas do sofrimento individual, pois somos tomados, às vezes, pelo ódio ao gênero humano. Quando refletimos sobre quão rara é a simplicidade, quão desconhecida a inocência e como a lealdade, exceto quando vantajosa, praticamente não existe, e quando nos vêm toda essa quantidade de crimes bem-sucedidos, os ganhos e as perdas da luxúria, igualmente odiosos, e a ambição, já incapaz de se conter nos próprios limites, a ponto de brilhar pela torpeza – quando lembramos tudo isso, a nossa alma mergulha na noite e, como se as virtudes tivessem sido derrubadas, as quais não se pode esperar nem adianta possuir, eis que se levantam as trevas.

2 Sendo assim, devemos mudar de atitude a fim de que todos os vícios do vulgo não nos pareçam odiosos, mas ridículos, e imitemos antes Demócrito que Heráclito[36]. Este último, com efeito, toda vez que saía em público, costumava chorar, já aquele ria; para um, parecia desgraça tudo o que fazemos, para o outro, tolice. Logo, tudo deve ser mais leve e tolerado com boa vontade; é mais humano rir da vida do que deplorá-la.

3 Além disso, também presta melhores serviços ao gênero humano quem se ri dele do que quem o lamenta, pois o primeiro ainda lhe deixa algum otimismo, o outro, contudo, chora tolamente por coisas que não espera poder corrigir. E, considerando tudo em seu conjunto, é maior de alma aquele que não reprime o riso do que aquele que não reprime as lágrimas, uma vez que o riso inspira um estado de alma mais suave e não julga nada importante, nada sério, nem mesmo triste vindo deste grande cenário que é a vida.

4 Que cada um pense nos motivos que nos deixam alegres ou tristes e saberá que é verdade o que Bíon[37] disse, que todas ações dos homens são semelhantes ao começo da existência, e que a vida deles não é mais sacrossanta ou séria do que a sua concepção; nascidos do nada, ao nada hão de voltar.

5 Mas é melhor aceitar, calmamente, os costumes do público e os vícios humanos sem cair nem no riso nem nas lágrimas, pois é uma tristeza sem fim atormentar-se com os males alheios, e deleitar-se com eles é um prazer desumano, assim como é inútil o sentimento humano de chorar porque alguém enterra o seu filho, reproduzindo a mesma expressão de dor do seu rosto.

6 Também, no que se refere a seus próprios males, convém que se conceda à dor o tanto que a natureza exige, não os costumes, pois muitos derramam lágrimas para exibi-las e, toda vez que falta um espectador, têm os olhos secos, apesar de julgarem indecoroso não chorar quando todos o fazem. Tão profundo está fixado este mal, o de depender da opinião alheia, que se chega, até mesmo, a simular algo tão espontâneo que é a dor.

[XVI
Os grandes exemplos de injustiça]

1 Segue agora uma parte que, não sem razão, costuma nos entristecer e nos levar a preocupações. Quando os bons homens têm um final ruim, quando Sócrates é forçado a morrer na prisão, Rutílio[38], a viver no exílio, Pompeu e Cícero, a estender o pescoço aos seus próprios beneficiários, o grande Catão, imagem viva de todas as virtudes, a lançar-se sobre a espada, anunciando, ao mesmo tempo, o seu fim e o da república, é forçoso nos atormentar, uma vez que a fortuna lhes pagou com prêmios tão injustos. E o que cada um de nós pode então esperar ao ver os melhores sofrerem o pior?

2 Então, o que fazer? Veja como cada um deles suportou o seu destino e, se foram valentes, deseje com seu coração ter a mesma valentia deles, mas se pereceram como uma mulher e de maneira covarde, então nada se perdeu; ou eles são dignos de que a sua bravura lhe agrade ou indignos de que a sua covardia seja lamentada. De fato, o que poderia ser mais vergonhoso se os maiores homens, morrendo bravamente, tornassem os demais pusilânimes?

3 Louvemos quem foi tantas vezes digno de louvor e digamos: "Quanto mais valente é alguém, mais feliz ele é! Você escapou de todo infortúnio, da inveja, da doença, saiu da prisão; você não pareceu aos deuses digno de má fortuna, mas indigno de que a fortuna ainda pudesse lhe fazer mal". Contudo, deve-se deitar as mãos sobre aqueles que recuam e, na hora da morte, voltam-se para a vida.

4 Não hei de chorar por ninguém que esteja feliz, por ninguém que esteja chorando; o primeiro enxugou, ele próprio, as minhas lágrimas, o segundo, com as suas, fez por não merecer nenhuma das minhas. Hei de chorar por Hércules porque ele foi queimado vivo[39]? Ou por Régulo[40] porque foi perfurado por tantos pregos? Ou por Catão porque feriu por cima das suas feridas[41]? Todos eles, à custa suave da própria vida, descobriram como se tornar eternos e, morrendo, alcançaram a imortalidade.

[XVII
A simplicidade, o
divertimento e a vigilância]

1 Há ainda aquele motivo nada desprezível de inquietações, quando você se preocupa com o próprio comportamento e não se mostra a ninguém com naturalidade; assim é a vida de muitos, uma vida fingida, preparada para a ostentação; de fato, eles são torturados por uma vigilância assídua de si mesmos e temem ser pegos numa postura diferente da de costume. Nunca nos isentamos dessa preocupação se pensarmos que somos avaliados a cada vez que nos olham, pois acontecem muitos incidentes que nos desnudam a contragosto e, ainda que resulte bem tanta diligência consigo mesmo, não é agradável nem segura a vida dos que vivem sempre sob uma máscara.

2 Por outro lado, quanto prazer o da simplicidade sincera e privada de ornamentos, que nada oculta do seu caráter! Contudo, mesmo uma vida assim corre o perigo do desprezo se tudo fica aberto a todos, pois há aqueles que se enfadam com tudo que está muito próximo. Entretanto, para a virtude, não há perigo de que seja depreciada quando levada bem perto aos olhos, e é melhor ser desprezada pela simplicidade do que atormentada por

uma perpétua simulação. Apliquemos, porém, uma medida: há muita diferença entre viver naturalmente e viver descuidadamente.

3 Também é necessário recolher-se em si mesmo muitas vezes, pois o trato com pessoas diferentes perturba o nosso equilíbrio interior e desperta novamente paixões, agravando qualquer fraqueza na alma, que ainda não está totalmente curada. Por outro lado, devemos mesclar e alternar estas duas coisas: a solidão e a companhia. Aquela nos fará ter saudades dos homens, esta, de nós; uma será o refrigério da outra: a solidão há de curar o ódio à turba, a turba, o tédio da solidão.

4 E a mente não deve manter-se sempre na mesma tensão, mas ir ao encontro dos divertimentos. Sócrates não enrubescia ao brincar com criancinhas, Catão relaxava no vinho a sua alma cansada das preocupações do Estado e Cipião[42] movia ao ritmo da música o seu corpo acostumado ao triunfo e à vida militar, não meneando de modo delicado, como é a moda agora entre os que, até ao andar, requebram-se mais lânguidos do que uma mulher, mas como, de modo viril, os antigos homens costumavam dançar nos jogos e nos tempos festivos, sem prejuízo da honradez, mesmo que fossem vistos pelos seus próprios inimigos.

5 Devemos dar repouso às nossas almas; elas se levantarão melhores e mais vivazes depois de descansadas. Assim como não se deve cansar os campos fecundos, visto que uma produtividade incessante logo há de exauri-los, também o trabalho contínuo abrandará o ardor das almas; mas, se elas tiverem um pouco de relaxamento e descanso, recuperarão as suas forças. É da continuidade dos

labores que nascem um certo embotamento e languidez da alma.

6 E não seriam os homens tão propensos à diversão se o jogo e as distrações não encerrassem uma espécie de prazer natural, porém o uso frequente disso roubará das almas todo o seu peso e vigor, pois o sono também se faz necessário para a nossa restauração; entretanto, se você o prolongar dia e noite, será como a morte. É bem diferente você atenuar algo ou removê-lo.

7 Os fundadores das nossas leis instituíram os dias festivos para que os homens fossem obrigados pelo Estado à folia, interpondo aos trabalhos uma proporção necessária de descanso; e alguns grandes homens, como já observei, davam férias para si em certos dias de cada mês, para outros, não havia dia que não dividissem entre o ócio e os afazeres. Lembro que Asínio Polião[43], o grande orador, tinha essa regra, ele que não se detinha em nenhuma atividade além da décima hora[44], nem sequer lia cartas depois disso para que não surgissem novas preocupações, muito pelo contrário: naquelas duas horas[45], ele deixava para trás o cansaço de um dia inteiro. Alguns ainda descansam ao meio-dia e reservam para as horas da tarde alguma tarefa mais leve. Os nossos ancestrais também proibiram que qualquer nova moção fosse feita no Senado após a décima hora. O soldado divide os turnos de vigília e até está isento do serviço noturno quem acaba de voltar de uma expedição.

8 Devemos ser indulgentes com a alma e dar a ela, de vez em quando, o ócio, que serve de alimento e força. E também é preciso fazer caminhadas ao ar livre para que a alma se expanda e se eleve graças ao céu aberto e à respiração profunda; às vezes, uma viagem e uma mudança de ares hão de lhe dar novo vigor, assim como o convívio social e a bebida generosa. Não raro, é preciso até chegar à embriaguez, não para que ela nos afogue, e sim para que nos amoleça um pouco; com efeito, ela lava as preocupações, desperta bem fundo o ânimo e remedia a tristeza, bem como algumas doenças. E Líber[46], o inventor do vinho, não tem esse nome devido à liberdade que dá à fala, mas porque libera a alma desta escravidão de preocupações, dá-lhe alforria e um novo viço, torna-a, enfim, mais audaciosa em tudo o que tenta.

9 Entretanto, como na liberdade, também é salutar a moderação no vinho. Acredita-se que Sólon[47] e Arcesilau[48] foram dados ao vinho, e que a embriaguez de Catão era censurada, o que tornará essa fraqueza mais facilmente honrosa do que indecoroso Catão. Ainda assim, não se deve beber com muita frequência a fim de que a alma não crie esse mau hábito; de vez em quando, porém, ela deve ser levada à alegria e à liberdade, bem como deve ser afastada a triste sobriedade por um tempo.

10 Com efeito, se concordamos com o poeta grego[49]: "Às vezes, é agradável perder o juízo", ou com Platão: "A mente sã bate em vão à porta da poesia", ou ainda com Aristóteles: "Não houve grande engenho sem uma dose de loucura", não pode uma mente, a não ser que esteja alterada, expressar algo grandioso e acima do ordinário.

11 Quando ela despreza o vulgar e o costumeiro e, por uma inspiração divina, eleva-se sublime, então pode entoar, por fim, algo mais grandioso do que a linguagem humana. Não pode alcançar

nada sublime, situado em ponto altaneiro, enquanto permanece dentro de si mesma; é preciso que ela abandone o habitual e se exalte e morda os freios e arrebate o seu condutor e o leve até onde ele próprio teria receio de ascender.

12 Aí estão, caríssimo Sereno, os meios pelos quais você pode preservar a tranquilidade, pelos quais pode restaurá-la, pelos quais pode resistir aos vícios que se lhe insinuam. Ainda assim, saiba que nenhum deles é forte o bastante para guardar algo tão frágil, a menos que um cuidado atento e contínuo envolva a alma vacilante.

A vida feliz

[I
A doença do
conformismo]

1 Viver uma vida feliz, meu irmão Galião, é o que todos desejam, mas eis que ficam às escuras na hora de discernir o que torna uma vida feliz; a tal ponto não é fácil alcançar uma vida feliz que, quanto mais ansiosamente alguém se esforça para encontrá-la, mais se afasta dela caso tenha errado o caminho, pois, quando vai na direção contrária, a sua própria velocidade torna a distância que o separa ainda maior. Sendo assim, primeiro temos de esclarecer o que estamos buscando; depois, observar o caminho pelo qual podemos alcançar a nossa meta o mais rápido possível e, nessa própria jornada, se for a correta, haveremos de descobrir, a cada dia, quanto dela falta por terminar e quanto mais perto estamos daquilo a que nos impele um desejo natural.

2 De fato, enquanto vagarmos por todos os lados sem um guia, ao encontro do barulho e da gritaria dissonante que nos chama para várias direções, a nossa breve vida se consumirá entre erros, mesmo que, dia e noite, esforcemo-nos por uma boa causa. Assim, é preciso estabelecer tanto para onde avançamos quanto por onde, e não sem um guia experiente que já tenha explorado o lugar

que agora adentramos, uma vez que as condições dessa viagem não são as mesmas das demais; nestas últimas, um trecho bem sinalizado e perguntas aos habitantes locais impedem que alguém se perca, mas naquela, os caminhos mais batidos e conhecidos são os que mais enganam.

3 Nada, portanto, precisa ser mais enfatizado do que não seguirmos, como gado, o rebanho que anda à nossa frente, prosseguindo assim não para onde devemos ir, mas para onde todos vão. Contudo, nada nos implica em maiores problemas do que nos moldarmos à opinião comum, pensando que as melhores coisas são aquelas que receberam aprovação geral; como temos tantos exemplos, acabamos vivendo pelo princípio, não da razão, mas da imitação. Daí essa enorme pilha de homens caindo uns sobre os outros. 4 Como ocorre num grande pisoteamento de pessoas, quando estas se empurram, umas contra as outras: ninguém pode cair sem arrastar o outro, e os que estão na frente causam a destruição dos que estão atrás; isso você também pode constatar em toda vida. Nenhum homem erra apenas por conta própria, ele é a causa e também o autor do erro alheio. Com efeito, é perigoso prender-se aos que estão à frente; enquanto cada um de nós preferir confiar no outro, em vez de julgar por si mesmo, nunca há de exercitar qualquer julgamento sobre a vida, sendo eternamente um crédulo; assim, um erro que foi passado de mão em mão acaba nos envolvendo até a ruína. Nós nos perdemos pelos erros dos outros; basta apenas nos afastarmos da multidão e já estaremos curados.

5 No entanto, a massa, defensora da sua própria desgraça, ergue-se contra a razão. É

o que acontece durante as eleições, quando o inconstante favor popular muda de direção, fazendo com que as mesmas pessoas que escolheram os pretores se admirem por que eles foram escolhidos. Num momento, aprovamos algo; noutro, nós o criticamos: este é o resultado de qualquer juízo que segue a escolha da maioria.

[II
É necessário conhecer a si próprio]

1 Quando se discute acerca da vida feliz, você não tem de dar-me aquela costumeira resposta das votações: "Este grupo parece ser a maioria." Na verdade, é por isso mesmo que ele é o pior. As questões humanas não são tão bem dispostas para que o melhor agrade à maioria: a evidência da pior escolha é a multidão.

2 Busquemos, portanto, o que é melhor para fazer, não o que é mais comum de ser feito; aquilo que nos coloque em posse da eterna felicidade, não o que é aprovado pelo vulgo, que é o pior intérprete da realidade. Mas por vulgo me refiro tanto aqueles que portam clâmide quanto coroa, pois não considero a cor das vestes que cobrem os seus corpos. Quando se trata do homem, não confio nos meus olhos: tenho uma luz melhor e mais segura, através da qual consigo distinguir o falso do verdadeiro: que a alma descubra o bem da alma. Se lhe for concedido tempo para respirar e recolher-se em si mesma, ah!, como ela, depois de tantos rodeios, admitirá a verdade, dizendo: 3 "Tudo o que fiz até agora preferiria que fosse desfeito; quando penso em tudo o que disse, acabo tendo inveja dos mudos; tudo o

que roguei considero agora uma maldição dos meus inimigos; tudo o que temi – ó deuses bondosos –, como seria mais leve do que tanto cobicei! Com muitos homens, mantive inimizades e, deixando de lado o ódio, passei para as boas relações, se é que pode haver alguma amizade com os ímpios; contudo, de mim mesma, ainda não sou amiga. Fiz de tudo para me afastar da multidão e me tornar digna de nota por causa de algum dom. E o que fiz além de me expor a dardos e de mostrar à malevolência onde ela pode me morder? 4 Está vendo aqueles que elogiam a sua eloquência, que seguem a sua riqueza, que adulam o seu favor, que exaltam o seu poder? Todos esses ou são seus inimigos ou – o que dá no mesmo – podem vir a sê-lo. Tão grande é o grupo de admiradores quanto o de invejosos. Por que eu não procuro algo que seja realmente bom, algo que eu possa experimentar, sentir, em vez de apenas exibir? Essas coisas que atraem os olhares dos homens, que os fazem parar, que eles apontam, boquiabertos, um para o outro, até que brilham por fora, mas são tristes por dentro".

[III
A harmonia com a própria natureza]

1 Busquemos algo que não seja bom na aparência, mas sólido, constante e mais belo em sua parte mais oculta; vamos descobri-lo! Ele não está colocado muito longe; você pode encontrá-lo, basta apenas saber onde estender a sua mão. Com efeito, como se caminhássemos na escuridão, passamos ao largo daquilo que temos e tropeçamos nos próprios objetos que desejamos.

2 No entanto, para não o aborrecer com detalhes tortuosos, deixarei de lado as opiniões dos demais filósofos, pois demoraria muito enumerá-las e refutá-las. Escute a nossa. Mas, quando digo "nossa", não estou me vinculando a nenhum dos mestres estoicos especificamente: eu também tenho o direito de opinar. Sendo assim, aqui vou seguir um mestre; ali, posso pedir a outro que divida as suas propostas; pode acontecer também, quando for chamado por último a tomar a palavra, que não conteste nenhuma das opiniões de meus predecessores e apenas acrescente: "No mais, opino isto".

3 Enquanto isso, atenho-me à natureza, ponto este sobre o qual todos os estoicos

concordam. Não nos afastarmos da natureza e nos moldarmos à sua lei e exemplo: isso sim é a sabedoria. A vida feliz, portanto, é aquela que está em harmonia com a sua própria natureza, mas ela não pode ser alcançada se, primeiro, não tivermos uma mente sã e em constante posse de sua sanidade; em segundo lugar, ela deve ser corajosa, enérgica e muitíssimo paciente, pronta para qualquer emergência, cuidadosa com o corpo e com tudo o que lhe for pertinente, mas sem ansiedade; por fim, a nossa mente deve estar atenta às coisas que adornam a vida, mas sem admirar nenhuma delas: ela deve tirar vantagem dos dons da fortuna, não ser escrava deles.

4 Você entende, mesmo que eu não diga mais nada, que nos vêm a tranquilidade ininterrupta e a liberdade quando afastamos tudo o que nos excita ou amedronta; de fato, depois de banidos os prazeres e os temores, ou seja, tudo o que é trivial, frágil e prejudicial apenas por causa do mal que opera a si mesmo, sobrevém uma enorme alegria, firme e constante; em seguida, a paz, a concórdia da alma e a verdadeira grandeza, acompanhada da bondade; pois toda crueldade nasce da fraqueza.

[IV
Algumas definições do bem supremo]

1 O nosso conceito de bem também pode ser definido de outra forma, isto é, a mesma ideia pode ser expressa por outras palavras. Assim como um mesmo exército, numa hora, desdobra-se numa formação mais alongada, noutra, está compactado em espaço estreito, ora tendo o seu centro oco e as asas curvadas para a frente, ora estendendo uma frente reta; não importa como esteja ordenado, ele há de manter a força e a vontade de defender a mesma causa: assim também a definição do bem supremo ora pode ser desenvolvida e estendida, ora resumida e reduzida ao essencial. Por isso, dá no mesmo se eu disser: 2 "O maior bem é uma mente que despreza os eventos fortuitos e se alegra apenas com a virtude" ou: "O poder da mente é ser invencível, sábia com a experiência, calma na ação e dotada de muita humanidade e consideração para com os outros".

Também é lícito definir o homem feliz como aquele para o qual o bem e o mal não são outra coisa senão uma mente boa ou má, aquele que estima a honra, que está contente com a virtude, que não se exalta nem é esmagado pelo acaso, que não conhece bem maior do que o que ele próprio pode conceder a si mesmo, a quem o verdadeiro prazer será o desprezo pelos prazeres.

3 É possível também, se você prefere divagar, transcrever a mesma ideia numa ou noutra forma, deixando a salvo e intacta a sua essência, pois o que nos impede de dizer que a vida feliz é ter uma mente livre, elevada, destemida, firme, colocada fora do alcance do medo, fora do alcance da cupidez? Uma mente que tem a virtude como único bem e a vileza, como único mal, e tudo o mais como uma desprezível massa de coisas, que nada tira ou acrescenta à vida feliz, que vem e vai sem aumentar ou diminuir o bem supremo?

4 Para uma mente assim assentada, é necessário, quer queira ou não, que ela esteja acompanhada por uma alegria constante, por uma felicidade profunda, que vem de dentro, já que ela encontra prazer em seus próprios recursos e não deseja alegrias maiores do que as que encontra em sua casa. Por que essas alegrias não poderiam ser contrabalançadas com as sensações mesquinhas, frívolas e nada persistentes do corpo? No dia em que alguém estiver submetido ao prazer, também estará submetido à dor; e você já percebe bem a que escravidão miserável e funesta se destinará aquele que ora é possuído pelos prazeres, ora pelas dores, os quais são os senhores mais caprichosos e prepotentes. Sendo assim, devemos fugir para a liberdade.

5 A única forma de se conseguir isso é através da indiferença à fortuna. Então

nascerá este bem inestimável, a quietude da alma, que se sente em segurança, assim como a sua elevação. E, uma vez banidos os erros, eis que vem, a partir do conhecimento da verdade, a felicidade grande e estável, junto com a bondade e a expansão do espírito. Isso não há de deleitar o homem como se fossem bens externos, mas como frutos do seu próprio bem.

[V
O julgamento correto e definitivo]

1 Já que comecei a abordar esse tópico de forma mais extensa, pode-se descrever o homem feliz como alguém que nada deseja ou teme graças ao dom da razão. Bem, para dizer a verdade, também as rochas carecem de medo e tristeza, e não menos os animais de fazenda; contudo, nem por isso, alguém dirá que eles são felizes, uma vez que não têm compreensão da sua felicidade.

2 Nessa mesma categoria, coloque os homens cuja natureza obtusa e ignorância de si mesmos os reduziram ao nível do gado e dos objetos inanimados. Não há diferença entre estes e aqueles, uma vez que os últimos não têm raciocínio, enquanto os primeiros têm uma razão distorcida e engenhosa em tomar a direção errada, sendo prejudicial a si mesma. Com efeito, ninguém pode ser chamado de feliz se for lançado para fora da verdade.

3 Assim, a vida feliz é aquela imutável e baseada no julgamento confiável e correto. Daí a mente está pura e livre de todos os males, já que escapa não só de ferimentos graves, mas até de picadas,

sempre determinada a reivindicar e manter sua posição, por mais que a fortuna se enfureça e ataque.

4 De fato, no que se refere ao prazer, embora este nos assedie por todos os lados e se insinue através de todos os meios, embora encante a nossa mente com afagos, aplicando-os a todo momento para nos cativar total ou parcialmente, quem dentre os mortais, ao qual resta algum traço de humanidade, desejaria, dia e noite, ter os sentidos incitados e, abandonando a mente, dedicar-se apenas o corpo?

[VI
A alma como participante do prazer]

1 "Mas a mente", hão de dizer, "também terá seus próprios prazeres". Que você os tenha então e que seja o juiz sobre o luxo e os prazeres; que você se encha de tudo aquilo que costuma deleitar os sentidos, depois volte os olhos para o passado e se entusiasme ao lembrar-se desses prazeres, antecipe-se agora para os que virão, traçando seus planos. E, enquanto o seu corpo jaz saciado do presente, projete seus pensamentos para o futuro. Tudo isso, contudo, parece-me que há de trazer mais tristeza, já que é uma loucura escolher coisas ruins ao invés de boas. E ninguém é feliz sem a sua sanidade, assim como ninguém pode ser feliz buscando algo nocivo no lugar do que é o melhor.

2 Feliz, portanto, é a pessoa dotada de julgamento correto; feliz é a pessoa que está satisfeita com o presente – qualquer que ele seja – e olha seus bens com contentamento; feliz é quem confia à razão todas as condições de sua vida.

[VII
O prazer e a virtude não
são inseparáveis]

1 Mesmo aqueles que disseram que o bem maior está no ventre acabam vendo quão torpe é o lugar que eles o colocaram. Assim, dizem que o prazer não pode ser separado da virtude, afirmando que não se pode viver honrosamente a menos que também se viva agradavelmente, nem agradavelmente, a menos que também se viva honrosamente. Bem, eu não consigo ver como coisas tão díspares podem estar juntas. Diga-me, por favor, qual é a razão que não permite separar o prazer da virtude? Certamente, uma vez que todo bem vem da virtude, também deveriam brotar das mesmas raízes as coisas que você ama e aspira? Mas, se não houvesse qualquer distinção entre elas, não veríamos algumas coisas agradáveis, mas desonrosas nem, por sua vez, coisas honestíssimas, mas penosas, dessas que devem ser cumpridas mesmo a preço do sofrimento.

2 Agora, soma-se a isso o fato de que o prazer alcança até a vida mais infame, ao passo que a virtude não admite uma vida desonesta, e há pessoas que são infelizes não pela falta de prazer, mas por causa do próprio prazer; isso não aconteceria se o prazer estivesse indissociável da virtude,

pois esta, frequentemente, carece dele, mas nunca precisa dele.

3 Por que razão você procura juntar coisas tão diferentes, na verdade opostas? A virtude é algo elevado, excelso, régio, invencível e infatigável; já o prazer é baixo, servil, débil, caduco, cujo lar e refúgio são prostíbulos e tavernas. A virtude, você há de encontrá-la num templo, no fórum, na cúria, diante das muralhas da cidade, empoeirada, manchada, tendo as mãos calejadas; o prazer, em geral, estará à espreita, buscando a escuridão ao redor dos banhos, das saunas, dos lugares que temem o edil; ele é mole, sem força, encharcado de vinho e perfume, pálido ou pintado e adornado com cosméticos como se fosse um cadáver.

4 O bem supremo é imortal, ele não conhece fim nem experimenta saciedade e arrependimento, pois a mente reta nunca se desvia, nunca sucumbe à aversão de si mesma ou altera qualquer coisa de sua vida perfeita. Por sua vez, o prazer, no auge de seu deleite, extingue-se; ocupa apenas um pequeno lugar e, por isso, logo o preenche, causando o tédio e murchando após o primeiro choque. Nada é certo para aquilo cuja essência reside no movimento: com efeito, nem sequer é possível que haja alguma substância dele, dado que vem e vai em altíssima velocidade, destinado a perecer tão logo é desfrutado, visto que o seu ponto de partida coincide com a sua extinção e, tão logo se inicia, já está mirando o fim.

[VIII
Viver de acordo com
a sua natureza]

1 O prazer é inerente tanto aos bons quanto aos maus, e às pessoas infames sua desgraça não agrada menos do que a boa reputação aos honestos. Por isso que os antigos nos instruíram a seguir não a vida mais agradável, mas a melhor, de modo que o prazer não seja o guia, mas o companheiro de uma vontade justa e boa. De fato, a natureza deve ser empregada como um guia; é ela quem a razão observa, é dela quem toma conselho.

2 Portanto, é a mesma coisa viver feliz e viver em acordo com a natureza. Cabe aqui explicar o que seja isso: se conservarmos com diligência e bravura os dotes do nosso corpo e as nossas inclinações naturais, conscientes de que são dons momentâneos e fugazes, se não nos tornarmos escravos disso nem deixarmos que os bens alheios tomem posse de nós, enfim, se estiverem as coisas supérfluas, que deleitam o corpo, no mesmo posto dado às tropas auxiliares e à infantaria ligeira no acampamento – estes devem obedecer, não comandar – então, e só então, essas coisas serão úteis para a alma.

3 Que o homem seja incorruptível e insuperável diante do que lhe for externo, que seja admirador apenas de si mesmo, confiante em sua capacidade e preparado para qualquer desfecho, artífice de sua própria vida; que à sua confiança não falte conhecimento nem conhecimento, à sua resolução; que suas decisões, uma vez tomadas, permaneçam firmes e que não haja nenhuma emenda em seus decretos. Entende-se, mesmo que eu não o acrescente, que tal homem há de ser equilibrado e metódico, exibindo, em todas as suas ações, uma grande nobreza, acompanhada pela cortesia.

4 Que a razão, incitada pelos sentidos, investigue as coisas externas e, tomando delas os princípios, visto que não dispõe de outro meio onde possa tomá-los ou lançar seu ataque à verdade, volte-se de novo a si mesma. Com efeito, também o mundo, que a tudo abraça, e o deus regente do universo se estendem para o exterior, mas, mesmo assim, desprendendo-se de todos os lados, acabam retornando para a sua intimidade. Que a nossa mente faça o mesmo: quando, ao seguir os seus sentidos e, por meio deles, tiver alcançado o exterior, que ela possa ter o domínio tanto deles quanto de si mesma.

5 Dessa forma, uma só força será criada e um poder coerente consigo mesmo, e daí nascerá aquela razão segura, a qual não está em desacordo consigo mesma nem hesita em suas opiniões, percepções ou convicções; essa razão, uma vez que se organizou e atingiu o consenso entre as suas partes, acabou tocando, por assim dizer, o bem supremo, pois não lhe resta nada de reprovável, nada de incerto, nada em que possa tropeçar ou cair; 6 fará tudo por decisão própria e nenhum imprevisto lhe acontecerá;

o que quer faça há de trazer-lhe um bom resultado com facilidade, presteza e sem subterfúgios; de fato, a preguiça e a hesitação indicam conflito e inconstância. Assim, você pode afirmar, decididamente, que o bem supremo é a harmonia do espírito, pois as virtudes deverão estar ali onde há harmonia e unidade: já os vícios são sempre discordantes.

[IX
A virtude não está voltada para o prazer]

1 "Mas você também", vem a objeção, "pratica a virtude não por outra razão a não ser esperar algum prazer dela." Em primeiro lugar, se a virtude acaba nos dando prazer, não é por isso que a buscamos, pois ela não provê o prazer, mas *também* o prazer, e não é para isso que ela trabalha, mas o seu trabalho, apesar de buscar outra coisa, também atinge esse resultado.

2 Assim como num campo, que foi cultivado para a semeadura, algumas flores crescem entremeadas aqui e ali, sendo que não era para essas plantinhas, embora alegrem aos nossos olhos, que se investiu tanto trabalho – o semeador tinha outro propósito, e elas vieram a reboque –, da mesma forma, o prazer não é a recompensa ou a causa de virtude, mas um complemento: a virtude não apraz porque deleita, mas, se apraz, também deleita.

3 O bem supremo está no próprio julgamento e também na conduta de uma mente que foi aperfeiçoada, uma mente que completou o seu curso e cercou-se dentro dos seus próprios limites; tendo afinal alcançado o bem supremo, ela

não deseja mais nada, visto que nada pode existir fora do todo, não mais do que além do fim.

4 Sendo assim, você se engana quando me pergunta qual é a minha razão para buscar a virtude, pois procura algo que estaria além do que é o mais elevado. Você pergunta o que busco na virtude? A própria virtude, pois ela não tem nada melhor, ela própria é a recompensa. Isso, por acaso, não lhe parece um prêmio já bastante considerável? Quando eu lhe digo: "O bem supremo é o rigor de uma mente inflexível, assim como a sua sabedoria, a sua grandeza, o seu bom senso, a sua liberdade, a sua harmonia, a sua beleza", você ainda é capaz de exigir algo maior ao qual essas qualidades podem ser atribuídas? Por que você me menciona o prazer? É o bem do homem o que estou procurando, não do seu ventre, este já é bastante espaçoso no gado e nas feras.

[X
A degeneração do prazer epicurista]

1 "Você distorce", eis a objeção de Epicuro, "o que estou dizendo; pois afirmo que ninguém pode viver feliz se não vive, ao mesmo tempo, de maneira honesta, o que não sucede aos animais irracionais e àqueles que medem seu próprio bem pela comida. Assim, eu digo e declaro publicamente que essa vida que chamo de feliz é uma realização impossível se a virtude não lhe for acrescentada."

2 No entanto, quem ignora que são os mais tolos aqueles que estão cheios de seus prazeres, e que a maldade está repleta de deleites, e que a própria alma inspira os mais variados tipos viciosos de prazer? Entre os principais, estão a arrogância e uma excessiva estima dos próprios méritos, um orgulho inchado que se põe acima dos outros, uma devoção cega e impensada sobre os próprios bens, uma exaltação que brota de motivos triviais e infantis, além da mordacidade e da soberba que se alegra com insultos, da ociosidade e da dissolução de uma mente apática que adormece sobre si mesma.

3 Todas essas coisas a virtude despedaça, e ela se recorda que deve avaliar os prazeres

antes de aceitá-los, dando pouca importância àqueles que ela aprovou, já que, de qualquer forma, aceita-os como supérfluos, não tendo prazer em seu desfrute, mas em sua temperança. Mas, como a temperança diminui os nossos prazeres, ela acaba sendo uma afronta a esse seu bem supremo. Você abraça o prazer, eu o reprimo; você desfruta do prazer, eu me sirvo dele; você o considera o bem maior, eu nem mesmo o considero bom; você faz tudo pelo prazer, eu não faço nada.

[XI
O prazer não é o bastante]

1 Quando digo que *eu* não faço nada pelo prazer, estou falando do sábio ideal, o único a quem você concede a exclusividade do prazer. Contudo, não chamo de sábio aquele que está sob o poder de qualquer coisa, muito menos do prazer. E, no entanto, se ele está completamente absorto nisso, como há de resistir ao trabalho, ao perigo, à carência e a todas as ameaças que clamam em torno da vida do homem? Como ele suportará a visão da morte, as dores, as pancadas do mundo e tantos inimigos acérrimos, se ele foi dominado por um adversário tão mole? Você diz: "Ele fará tudo o que o prazer aconselhar". Ora, você não vê quantas coisas isso o levará a fazer?

2 "Não será capaz de aconselhar nada vil", você diz, "porque está associado à virtude". Mas, de novo, você não vê que tipo de coisa é esse bem supremo, que precisa de um guardião para se tornar um bem? Como a virtude, seguindo o prazer, há de governá-lo, quando seguir é próprio de quem obedece e governar, de quem manda? Você está colocando atrás aquele deveria mandar? Que nobre função a virtude desempenha neste seu mundo: o de provar seus prazeres antes de você experimentá-los!

3 Mas veremos se a virtude ainda permanece como tal entre aqueles que a trataram com tanto abuso, pois ela não pode ostentar o seu nome se ceder o seu lugar de direito. Enquanto isso, para ficar nesse tema, hei de mostrar que há muitos homens subjugados pelos prazeres, homens sobre os quais a fortuna derramou todos os seus dons, homens, como é forçoso que você reconheça, são de natureza perversa.

4 Veja, por exemplo, Nomentano e Apício, buscando ansiosamente, como eles dizem, os dons das terras e do mar, e reconhecem os animais de cada nação servidos em suas mesas de jantar; veja os mesmos, reclinados do alto de um leito de rosas, inspecionando seus próprios manjares, seus ouvidos deleitados com o som do canto, seus olhos, com os espetáculos, seus paladares, com os sabores; tecidos macios e delicados aquecem todo o seu corpo e, para que suas narinas não fiquem sem estímulos nesse ínterim, dos mais variados aromas está repleta a própria sala onde se prestam as honras fúnebres ao refinamento. Decerto, você dirá que esses homens estavam imersos em prazeres, mas que isso não lhes fará bem, visto que não desfrutam de um bem.

[XII
O prazer do vulgo
e do sábio]

1 "Eles hão de sofrer", vem a resposta, "porque sobrevêm muitas coisas que perturbam a alma, e opiniões contrárias entre si que deixarão a mente inquieta." Admito que seja assim, mas esses mesmos tolos, inconstantes e suscetíveis aos golpes do remorso, experimentarão grandes prazeres, de modo que devemos reconhecer que eles estão tão distantes de qualquer desconforto quanto de uma mente sã e, como acontece com muitas pessoas, acabam enlouquecendo de uma loucura alegre e deliram entre sorrisos.

2 Por outro lado, os prazeres dos sábios são pacatos, modestos, quase sem energia, controlados, a custo são perceptíveis, de tal modo que eles não são chamados por nós nem tampouco – apesar de virem por sua própria vontade – são tidos em estima ou recebidos com qualquer alegria por parte de quem os experimenta; pois eles vêm misturados e intercalados na própria vida, da mesma forma como se intercala um jogo ou uma diversão nos assuntos sérios.

3 Que parem, então, de juntar conceitos inconciliáveis e de ligar o prazer à virtude, um vício através do qual se adulam os piores tipos

de homem. Aquele que se derramou em prazeres, sempre arrotando e embriagado, porque sabe que está vivendo com prazer, acredita que também está vivendo com virtude, já que ele ouve que o prazer não pode ser separado da virtude; então, aos seus próprios vícios, dá o nome de sabedoria e ostenta o que deveria ser escondido.

4 E assim, eles não foram induzidos à luxúria por causa de Epicuro, muito pelo contrário, pois, uma vez dados aos vícios, escondem sua luxúria sob o traje da filosofia, e eles acabam correndo para onde possam ouvir o prazer sendo louvado. Eles não têm ideia de quão sóbrio e seco era o "prazer" de Epicuro – é assim que o entendo, por Hércules –, mas se precipitam apenas sobre o esse nome, buscando alguma defesa e ocultação para seus desejos.

5 Portanto, eles perdem o único bem que tinham entre os seus males, a vergonha por fazer algo errado; com efeito, eles louvam coisas que os fariam corar e se vangloriam de seu vício; por isso, podem nem mesmo redescobrir suas aspirações juvenis, visto que se acrescentou um título honroso a uma torpe ociosidade. E esta é a razão do elogio ao prazer ser tão prejudicial, porque os preceitos honestos ficam ocultos, já o que corrompe vem à tona.

[XIII
A verdadeira doutrina
de Epicuro]

1 Decerto, eu próprio sou da opinião – devo afirmá-lo, embora possa ofender os nossos seguidores – de que Epicuro nos deu ensinamentos sagrados e corretos e, se você examiná-los mais de perto, até mesmo severos, pois a sua doutrina do prazer se reduz a algo pequeno e exíguo, e a regra que nós prescrevemos para a virtude, ele a prescreve para o prazer, ou seja, ordena que este obedeça à natureza. Pois bem, o pouco luxo é mais que suficiente para satisfazer a natureza. Sendo assim, onde reside a verdade?

2 Quem quer que chame de felicidade o ócio inativo e as aventuras da gula e dos desejos está buscando um bom patrocinador para uma causa ruim, e quando vem seduzido por aquele nome que achou atraente, eis que persegue o prazer que trouxe, não aquele que lhe foi ensinado, e, uma vez que ele começa a pensar que seus vícios são similares aos preceitos de seu professor, acaba cedendo a eles sem mais medo ou vergonha, muito pelo contrário, a partir desse momento, ele realmente goza da luxúria à vista de todos. Sendo assim, eu não direi,

como o faz a maior parte dos meus colegas, que a seita de Epicuro é mestra de ignomínias, mas isto eu digo: ela tem má fama, está sem crédito, embora não o mereça.

3 Mas quem pode saber disso a não ser que tenha sido admitido no círculo mais íntimo dessa doutrina? Sua própria fachada dá espaço para calúnias e incita maus propósitos. É como se você, um homem robusto, estivesse vestido com trajes femininos: sua decência permanece intacta, sua virilidade ilesa, seu corpo está livre de qualquer ato vergonhoso, mas tem um pandeiro em sua mão! Portanto, que se escolha um lema honorável, bem como uma inscrição que por si só inspira a mente: a que está de pé agora apenas atraiu os vícios.

4 Quem buscou a virtude deu provas de uma índole nobre; aquele que segue o prazer parece estar enervado, alquebrado, um degenerado em sua hombridade, propenso a cair em práticas vergonhosas a menos que alguém o ajude a distinguir entre os prazeres, a fim de que saiba quais deles estão dentro do desejo natural e quais se lançam ao precipício, sendo estes inesgotáveis, tanto que quanto mais satisfeitos, mais insaciáveis se revelam.

5 Vamos! Que a virtude lidere o nosso caminho, assim cada passo há de ser seguro. O que nos é nocivo é o excesso de prazer, mas, no que diz respeito à virtude, o excesso não precisa ser temido, uma vez que nela reside a moderação. Não pode ser bom o que nos aflige por sua própria grandeza. Além disso, para aqueles afortunados com uma natureza racional, o que melhor pode ser oferecido

do que a razão? E se lhe parece bem essa união, se lhe agrada viajar em direção a uma vida feliz com tal companhia, deixe a virtude guiar o seu caminho e o prazer atendê-la, pairando ao redor dela como uma sombra. Certamente, entregar a virtude, a mais ilustre das damas, como escrava do prazer, somente cabe a uma mente incapaz de conceber grandes feitos.

[XIV
O lugar da virtude]

1 Que a virtude marche à frente e carregue o estandarte; teremos ainda assim o prazer, mas seremos seus mestres e moderadores; ele até obterá algo de nós com seus pedidos, mas a nada nos forçará. Por outro lado, aqueles que deram a primazia ao prazer acabam carecendo de ambos, porque perdem a virtude e, contudo, eles próprios não detêm o prazer, já que é o prazer que os detém, por cuja ausência se atormentam ou por sua abundância são sufocados, infelizes caso sejam abandonados por ele, mais infelizes ainda se ele os domina; como se fossem marinheiros apanhados nas águas de Sirte, ora encalhados em terra seca, ora lançados às ondas tormentosas.

2 Mas isso acontece por causa de um descomedimento acentuado e apego cego por algum bem; com efeito, se um homem busca coisas ruins, no lugar das boas, acaba sendo perigoso quando cumpre o seu intento. Assim como caçamos animais ferozes, em meio a tanto esforço e perigo, e achamos preocupante mantê-los em custódia – pois com frequência ferem seus donos –, o mesmo se dá com os grandes prazeres: eles se convertem numa grande desgraça e capturam o seu captor; quanto mais e maiores são os prazeres, menor e escravo de tantos senhores é o homem a quem o vulgo chama de "feliz". Desejo me deter um pouco mais nessa comparação: 3 assim como o homem que rastreia as tocas dos animais e considera uma grande diversão

> pegar as bestas ferozes com laço
> e
> cercar com a matilha as grandes clareiras,

sendo que, para seguir as suas pegadas, ele relega assuntos mais importantes e desiste de muitos deveres, assim também quem busca o prazer adia tudo, não pensa primeiro em sua liberdade e passa a depender tão somente da sua barriga; ele não compra prazeres para si mesmo, mas vende a si mesmo para os prazeres.

[XV
A virtude não se confunde
com o prazer]

1 Mas poderiam me perguntar: "O que impede a virtude e o prazer se fundirem num só, alcançando assim um bem supremo de modo que ele seja tão honroso quanto agradável?" O motivo é que o honroso não pode ter nenhuma parte que não seja honrosa, e tampouco o bem supremo não manterá sua pureza se notar em si algo diferente do melhor. 2 Nem mesmo a felicidade que nasce da virtude, apesar de ser um bem, é parte do bem absoluto, como não são a alegria e a tranquilidade, apesar de nascerem das causas mais nobres; pois elas certamente podem ser bens, mas apenas contribuem para a posse do bem supremo, não que o tornam completo.

3 Mas quem forma uma aliança entre virtude e prazer, uma que não esteja em pé de igualdade, acaba por enfraquecer a força do único bem pela fraqueza do outro e submete então ao jugo a liberdade, indomável, enquanto não conhece algo mais valioso do que ela mesma. Com efeito, ele começa a depender da sorte, e não há escravidão maior do que essa; segue-se daí uma vida ansiosa, desconfiada e assustada, uma vida que teme o infortúnio e dependente de circunstâncias variadas.

4 Você não está dando à virtude uma fundação sólida e inabalável, mas a convida para um lugar instável; contudo o que é mais fortuito do que esperar pela sorte, pelas mudanças do corpo e pelo que pode afetar o nosso corpo? Como pode um homem assim obedecer ao deus e aceitar com bom ânimo tudo o que acontece sem reclamar do destino, interpretando com generosidade seus próprios ocasos, se ele se desconcerta com as mínimas pontadas do prazer e da dor? Ele nem sequer é um bom defensor ou amparo de sua pátria, tampouco um protetor de seus amigos, se acaso dobra-se diante dos prazeres.

5 Portanto, que o bem supremo ascenda a um lugar de onde nenhuma força possa arrastá-lo para baixo, onde não haja acesso à dor, à esperança, ao medo ou a qualquer coisa que possa afetar a autoridade do bem supremo; apenas a virtude pode ascender a esse lugar. Devemos seguir seus passos se quisermos vencer essa subida; ela permanecerá corajosa e suportará o que quer que aconteça, não apenas com paciência, mas também de boa vontade, sabendo que qualquer dificuldade das circunstâncias é decorrente da lei da natureza; como um bom soldado, ela suportará suas feridas, contará suas cicatrizes e, ao morrer atravessada pelos dardos, continuará fiel a seu general, por quem agora tomba; enfim, ela sempre terá em mente o antigo preceito: seguir ao deus!

6 No entanto, quem reclama, chora e geme é coagido pela força a cumprir ordens e, a contragosto, é igualmente arrastado a obedecer. Mas que loucura preferir ser arrastado a ter de seguir! Acredite, é tolice e ignorância da sua própria condição você se lamentar por algo que lhe falta ou por uma experiência bastante desagradável, ou igualmente se surpreender ou se indignar com as vicissitudes que acontecem tanto às pessoas boas quanto às más, refiro-me à doença, à morte, às enfermidades e a todos os outros males que atingem de improviso a vida humana. Tudo o que temos de sofrer devido à forma como o universo é estruturado, que seja aceito com magnanimidade; 7 esta é a obrigação sagrada à qual juramos: suportar a nossa condição mortal e não nos perturbarmos por aquilo que não está em nosso poder evitar. Nascemos sob uma tirania; obedecer ao deus é a nossa liberdade.

[XVI
A moral baseada na virtude]

1 A verdadeira felicidade, logo, reside na virtude. O que há de recomendar essa virtude? Que você não considere bom ou mau nada que não provenha da virtude ou do vício; em seguida, que você se mantenha inabalável, quer enfrente o mal quer desfrute do bem, de modo que, nos limites do permitido, você possa ser a cópia de um deus. 2 O que ela promete a você em troca dessa empreitada? Grandes bênçãos, iguais às dos deuses: você não será obrigado a nada e nada lhe faltará, você será livre, protegido e imune aos danos; nenhum esforço lhe será em vão, nada lhe será vetado; tudo acontecerá segundo o seu desejo, nada hostil lhe sobrevirá, nada contrário ao seu parecer e vontade.

3 "Bem, então, basta a virtude para se viver com felicidade?" Como ela é perfeita e divina, por que não seria suficiente, na verdade, mais do que suficiente? Com efeito, o que pode faltar a algo situado além do alcance de todos os desejos? Pode precisar de algo externo alguém que reuniu tudo o que possui em si mesmo? Mas aquele que caminha para a virtude, mesmo que tenha feito um grande progresso, precisa que a fortuna lhe mostre

alguma indulgência enquanto continua lutando em meio às vicissitudes humanas, até que tenha desfeito esse nó e qualquer vínculo mortal. Então qual é a diferença aqui? Esta: alguns estão firmemente amarrados, outros algemados ou, até mesmo, acorrentados em todos os membros. Por sua vez, este, que avançou para regiões superiores e elevou-se mais alto, acaba arrastando uma corrente afrouxada: ele ainda não está completamente livre, mas, na prática, é como se o fosse.

[XVII
A defesa dos filósofos]

1 Se, portanto, alguém daqueles que latem contra a filosofia perguntar, como de costume: "Por que, então, você fala com mais energia do que vive? Por que subordina as suas palavras a um superior e considera o dinheiro um elemento necessário? Por que você se comove por uma perda e derrama lágrimas na morte de sua esposa ou amigo? Por que se preocupa com sua reputação e se perturba com línguas maldosas? 2 Por que você tem um campo mais bem cuidado do que exige a necessidade natural? Por que não janta segundo suas próprias prescrições? Por que possui móveis tão esplêndidos? Por que na sua casa se bebe um vinho bem mais velho que você? Por que mantém um aviário? Por que planta árvores que darão nada além de sombra? Por que sua esposa usa nas orelhas a renda de uma casa opulenta? Por que seus jovens escravos vestem roupas tão caras? Por que é uma verdadeira arte servir à mesa em sua casa, nem a prataria se dispõe de forma despreocupada ou a bel-prazer, mas é colocada de maneira habilidosa, e por que há um mestre artesão para esculpir os seus pratos?" E pode-se acrescentar: "Por que você possui propriedades além-mar? Por que tem mais coisas do que jamais conheceu? Por que, para a sua própria vergonha, você é tão negligente

que não conhece seus poucos escravos de vista ou tão extravagante que tem mais escravos do que a sua memória pode lembrar?"

3 Em breve, vou dar contribuições a esses impropérios – e me criticar mais do que você imagina –, mas por hora respondo: "Eu não sou sábio, e, para satisfazer a sua malícia, nunca serei. Portanto, exija de mim não que eu seja igual aos melhores, mas que seja melhor do que os maus. Dou-me por satisfeito se todos os dias reduzir um pouco dos meus vícios e reconhecer os meus erros."

4 Eu não cheguei à saúde perfeita, nem sequer chegarei; para a minha gota, preparo lenitivos, mais do que remédios; estou feliz se as visitas da doença forem menos frequentes e suas dores menos agudas; no entanto, comparando-me com seus pés, eu, um debilitado, me sinto um atleta corredor. Isso eu não falo por mim, pois estou afundado em vícios de todos os tipos, mas por aquele que, de fato, já conquistou alguma coisa.

[XVIII
O filósofo é indiferente às críticas dos maus]

1 Você insiste: "Você fala de uma maneira, mas vive de outra." Ó criaturas cheias de malícia e inimigas dos melhores homens, essa foi a crítica lançada a Platão, lançada a Epicuro, e lançada a Zenão também; visto que todos eles descreveram não como viviam suas próprias vidas, mas como deveriam vivê-las. É da virtude que estou falando, não de mim mesmo, e quando ataco os vícios, refiro-me em primeiro lugar aos meus próprios: quando puder, viverei como convém.

2 Tampouco essa maldade de vocês, impregnada de tanto veneno, não me afastará dos melhores, nem mesmo aquele veneno que vocês espalham sobre os outros, aquele veneno com o qual estão se destruindo, há de me impedir de elogiar não a vida que eu levo, mas a que eu sei que deveria levar, ou de reverenciar a virtude e segui-la, ainda que me arrastando lentamente por uma longa distância.

3 Segundo vocês, eu realmente deveria esperar algo que escape aos olhos da malícia, a qual nem mesmo mostrou reverência a Rutílio ou a Catão? Deveria alguém se preocupar se for considerado muito rico por aqueles que acharam Demétrio, o Cínico, não pobre o suficiente? Eles negam que esse homem de grandíssima coragem, que lutou contra todos os desejos da natureza, que era mais pobre do que todos os outros cínicos, pois não apenas se absteve de posses, mas também se absteve de pedi-las, enfim, eles negam que Demétrio conhece a verdadeira pobreza. Mas veja: ele não praticou a arte da virtude, mas a da pobreza.

[XIX
Contra a maldade estéril]

1 Quanto a Diodoro, o filósofo epicurista que há poucos dias pôs fim à sua vida pelas próprias mãos, dizem que, ao cortar a garganta, ele acabou contrariando o ensinamento de Epicuro. Alguns consideram esse gesto uma loucura, outros, uma temeridade. Ele, por outro lado, feliz e pleno de uma consciência tranquila, deu testemunho de si mesmo ao partir desta vida, e louvou a paz da sua existência, que passou ancorada num porto seguro, pronunciando aquelas palavras que vocês relutam em ouvir, como se também devessem fazê-lo:

Vivi e perfiz o caminho que a Fortuna me dera[50]

2 Vocês vivem discutindo sobre a vida de um, a morte de outro e, ao ouvir o nome de homens que alcançaram a grandeza por algum mérito excepcional, vocês latem, como se fossem cachorrinhos à chegada de estranhos; para vocês, é mais conveniente que ninguém pareça ser bom, como se a virtude alheia fosse uma reprovação para todas as suas falhas. Invejosos, vocês comparam o que é esplêndido com a sua própria sordidez, não entendem o quanto se prejudicam ao se atreverem nisso.

Com efeito, se aqueles que buscam a virtude são gananciosos, luxuriosos e ambiciosos, o que são vocês, que odeiam até mesmo o nome da virtude?

3 Vocês dizem que nenhum desses homens pratica o que fala, tampouco vive com base no modelo que profere: isso de fato os surpreende, já que tais filósofos estão falando de gestos ousados e grandiosos, de gestos que escapam a todas as turbulências que abalam o homem? Ainda que eles não consigam se desvencilhar de suas cruzes – nas quais cada um finca seus próprios pregos – , quando são levados à execução, cada um deles pende em seu próprio cadafalso; mas estes homens que castigam a si mesmos são despedaçados por tantos desejos quantas são as cruzes. Além do mais, são maledicentes e muito engenhosos em insultar os outros. Eu até poderia acreditar que lhes falta esse defeito se alguns deles não cuspissem nos espectadores do seu próprio patíbulo!

[XX
O sábio não é escravo
dos seus bens]

1 "Os filósofos não executam aquilo que pregam." Mas eles executam muito do que pregam, muito do que concebem em suas mentes honrosas. Se suas palavras sempre fossem correspondidas por suas ações, a sua felicidade seria ainda maior! No entanto, não há motivo para que você despreze palavras nobres nem seus corações cheios de nobres pensamentos: é digno de louvor perseguir estudos salutares, ainda que não logrem resultado.

2 É tão surpreendente assim se aqueles que tentam escalar as alturas não chegam ao cume? Mas, se você é um homem, olhe com admiração, mesmo que fracassem, aqueles que intentam grandes feitos. É algo generoso aspirar as alturas, medindo o esforço não pela própria força, mas pela força da própria condição, e conceber em sua mente projetos até mesmo superiores à capacidade daqueles dotados de enorme coragem.

3 Quem se propôs os seguintes ideais: "Hei de encarar a morte com a mesma expressão com que ouço falar dela. Hei de enfrentar todas as dificuldades, por maiores que sejam,

submetendo o meu corpo à minha mente. Hei de desprezar igualmente as riquezas, tanto as presentes quanto as ausentes, não me sentindo mais triste se elas estiverem noutro lugar, nem mais animado se acaso brilharem ao meu redor. De minha parte, serei indiferente à fortuna, quer ela vindo até mim quer se afastando. Verei todas as terras como minhas, e as minhas como se fossem de todos. Viverei como se soubesse que nasci para os demais, agradecendo à Natureza por isso: de que outra forma poderia prosperar o meu propósito? 4 Ela, a Natureza, fez de mim um presente para todos os homens, e de todos os homens, um presente para mim. O que quer que eu possua, não vou guardá-lo de maneira mesquinha, nem o desperdiçar prodigamente; não vou acreditar possuir nenhum bem mais seguro do que aqueles que tenho doado com generosidade. Não vou medir meus favores pelo seu número, ou por seu peso, ou por qualquer coisa além da minha estima pelo beneficiário; nunca o que um homem digno recebe contará muito para mim. Não farei nada por causa da opinião dos outros, mas tudo por causa da minha consciência. Toda ação individual, da qual apenas eu tenho consciência, hei de realizar como se estivesse diante dos olhos do povo. 5 Para mim, a finalidade de comer e beber será a de satisfazer os desejos da natureza, não a de encher e esvaziar o meu estômago. Serei jovial com meus amigos, tolerante e afável com meus inimigos. As pessoas obterão coisas de mim antes mesmo que me sejam pedidas, e rapidamente atenderei a todos os apelos honestos. Saberei que minha pátria é o mundo, e que seus governantes são os deuses, estes estão acima de mim e ao meu redor como censores de meus atos e palavras. E quando a Natureza exigir o meu último alento ou a razão me obrigar a isso, partirei dando testemunho a todos de que amei a boa consciência e as nobres aspirações, de que por minha culpa ninguém teve a sua liberdade prejudicada, muito menos a minha".

Pois bem, quem se propor a fazer, desejar e tentar essas coisas há de trilhar o caminho que leva aos deuses, tal homem, mesmo que não complete a sua jornada, ao menos

terá caído por sua grande audácia[51].

6 Na verdade, vocês que odeiam a virtude e o seu cultor não estão fazendo nada de novo. De fato, também os olhos enfermos se espantam com o sol, e as criaturas noturnas evitam o brilho do dia: atemorizadas desde o nascer da aurora, elas procuram seus esconderijos por toda parte e se escondem em qualquer buraco, com medo da luz. Sendo assim, lamentem à vontade e exercitem as suas línguas miseráveis nos impropérios aos bons, abram bem suas bocas e mordam com força: hão de quebrar seus dentes muito antes de imprimir qualquer marca.

[XXI
Praticar e aspirar à virtude]

1 "Por que aquele homem é dedicado à filosofia e ainda assim vive na opulência? Por que ele diz que as riquezas devem ser desprezadas e as tem? Por que ele pensa que a vida deve ser desprezada e ainda assim a vive? Que a saúde deve ser desprezada e ainda assim a guarda com bastante diligência, preferindo até que ela seja ótima? E por que ele considera o exílio uma palavra vã e diz: 'Que mal há em mudar de país?', mas, ainda assim, se lhe for permitido, envelhece na sua pátria? E por que ele julga não haver diferença entre uma vida longa e uma breve, mas, ainda assim, se nada o impede, acaba prolongando seus anos e floresce placidamente na sua velhice já adiantada?"

2 Ele afirma que tais coisas devem ser desprezadas não para não as ter, mas para evitar preocupações quando as tiver; ele não se afasta delas, mas, quando elas estão partindo, apenas as acompanha tranquilamente até a porta. De fato, onde a fortuna encontrará lugar mais seguro para guardar as riquezas do que com alguém que as devolverá sem reclamação quando ela pedir de volta?

3 Quando Marco Catão estava elogiando Cúrio e Coruncânio, bem como a época em que

possuir umas poucas moedas de prata era um delito digno da atenção dos censores, ele próprio possuía quatro milhões de sestércios, menos, sem dúvida, do que Crasso, contudo mais do que Catão, o Censor. Se fossem comparados, ele teria ultrapassado seu bisavô por uma margem maior do que a de Crasso sobre ele mesmo e, se maiores riquezas lhe tivessem vindo, ele não as teria desprezado.

4 Com efeito, o sábio não se considera indigno de nenhum regalo da Fortuna: ele não ama a riqueza, mas a prefere; ele não a admite em seu coração, mas em sua casa, tampouco rejeita a riqueza que é sua, mas a controla e se serve dela para ampliar o campo de ação da sua virtude.

[XXII
O sábio prefere seus bens]

1 Que dúvida há de que o homem sábio tem maior chance para desenvolver o seu espírito na riqueza do que na pobreza, já que a pobreza permite exercitar apenas um tipo de virtude, que é a recusa em se curvar e ser esmagado, ao passo que, na riqueza, a moderação, a generosidade, diligência, a boa organização e a magnanimidade têm um campo aberto?

2 O verdadeiro sábio nunca desdenhará de si mesmo, ainda que sua estatura seja mínima, ele desejará ser alto. E se ele tiver um corpo frágil ou perdido um olho, ele estará bem, embora há de preferir um corpo forte, mesmo sabendo que nele existe algo mais forte do que seu próprio corpo; ele suportará a má saúde, mas desejará a boa.

3 Com efeito, embora possam ser pequenas dentro de um todo maior, embora possam ser removidas sem detrimento do bem principal, certas coisas realmente contribuem para a alegria constante que surge da virtude: as riquezas afetam e aprazem o homem sábio tal qual um vento favorável levando o marinheiro, tal qual um dia claro ou um local ensolarado em meio à fria invernada.

4 Além do mais, quem entre os homens sábios – refiro-me à nossa própria escola de pensadores, que consideram a virtude como o único bem – nega que até mesmo estas coisas que chamamos de indiferentes possuem algum valor em si e que algumas sejam preferíveis a outras? Algumas delas recebem de nós certa estima, outras muito mais. Portanto, não se iluda: as riquezas estão entre as coisas mais valiosas.

5 Mas você me diz: "Então por que zomba de mim, já que dá à riqueza a mesma importância que eu?" Você quer saber como vemos isso de forma diferente? Bem, para mim, se a riqueza se esvai, nada levará de mim a não ser ela mesma, mas você, por outro lado, ficará atônito, pensando que foi privado de si mesmo se ela o deixar; a meu ver, a riqueza tem uma certa importância, já para você, ela é a coisa mais importante. Em suma, a riqueza pertence a mim, você pertence à riqueza.

[XXIII
O filósofo pode ser rico]

1 Deixe, portanto, de proibir o dinheiro aos filósofos: ninguém condenou a sabedoria à pobreza. O filósofo terá grande riqueza, mas ela não terá sido arrancada de ninguém nem manchada com sangue alheio, mas sim adquirida sem prejuízo de qualquer pessoa, sem o lucro ilícito. Haverá tanta honra em seu gasto quanto em sua aquisição; ela só provocará lamentações daquele que é mal-intencionado. Acumule riqueza tanto quanto quiser: ela será honesta enquanto, compreendendo muito do que qualquer um desejaria chamar de seu próprio, não incluir nada que os outros possam chamar de seu.

2 O sábio, evidentemente, não se afastará da generosidade da fortuna nem sentirá orgulho ou vergonha de seu patrimônio adquirido de maneira honesta. Contudo, ele próprio há de se orgulhar se, ao abrir sua casa e admitir em suas possessões os seus concidadãos, puder dizer: 'Qualquer homem pode levar o que reconhece como seu próprio.' Que grande homem e merecidamente rico se, depois dessas palavras, a sua riqueza for exatamente a mesma! E digo mais: se ele, tranquilo e sereno, coloca-se ao escrutínio do povo, se nada foi descoberto em sua casa que qualquer um possa reivindicar,

então ele será, francamente, um homem rico, que não tem segredos para ninguém.

3 O sábio não permitirá que um denário sequer adentre desonestamente seu limiar; do mesmo modo, ele não repudiará ou recusará a grande riqueza, que é dom da fortuna e fruto da virtude. Por que negaria a ela uma boa acomodação? Deixe que ela venha, deixe que receba a hospitalidade. O homem sábio não a exibirá nem a esconderá – o primeiro comportamento é típico de uma mente tola, o segundo, de uma mente medrosa e pusilânime, que tenta guardar no bolso um grande bem – nem, como já disse, há de expulsá-la de sua casa. Pois o que ele dirá? 4 'Talvez você não tenha utilidade' ou 'Eu não sei como usar a riqueza'? Assim como quem poderia fazer uma viagem a pé preferirá pegar uma carruagem, também o pobre, se lhe for possível se tornar rico, há de querê-lo. Sendo assim, ele terá riqueza, mas vai considerá-la caprichosa e propensa a voar, não permitindo que ela se torne um peso para si mesmo ou para ninguém.

5 Ele doará (por que vocês estão levantando as orelhas e preparando seus bolsos?) aos bons ou àqueles que ele pode tornar bons; doará escolhendo, com o máximo cuidado, os mais dignos, como alguém que se lembra de que tanto deve prestar contas de seus gastos quanto de seus ganhos; doará apenas por uma razão justa e plausível, visto que, entre os gastos vergonhosos, está o presente que pode ser recusado; ele terá um bolso acessível, mas não furado, de onde muito pode emergir, mas nada se perderá.

[XXIV
O saber doar]

1 Erra quem pensa que doar é fácil: trata-se de algo muito difícil, ao menos se os presentes são distribuídos com prudência, não espalhados ao acaso e por impulso. A esta pessoa presto um serviço, àquela retribuo; para uns ofereço ajuda, para outros, a piedade; a outro sustento, porque não merece que a pobreza o acompanhe ou atormente; para alguns não doarei dinheiro, apesar de sua necessidade, porque, mesmo se eu o der, sempre lhe faltará; para outros hei de oferecer assistência, inclusive forçando-os a aceitá-la. Não posso ser negligente nesse assunto; em nenhum momento registro nomes mais cuidadosamente do que quando faço doações.

2 E você me pergunta: "O quê? Você dá apenas para receber de volta?" Não, eu dou para não perder; a doação deveria acabar num lugar de onde não é necessário pedir um retorno, mas um retorno pode ser feito. Um benefício tem de ser guardado como um tesouro bem enterrado, o qual não deve ser removido, exceto se for necessário. Veja quanta oportunidade tem a casa de um homem rico para oferecer benefícios!

3 Por que chamar apenas os cidadãos romanos para desfrutar da generosidade? A

natureza me ordena beneficiar todos os homens. O que importa se são eles escravos ou homens livres, nascidos livres ou libertos, cuja alforria se deve às leis ou a uma concessão informal, feita na presença de amigos? Onde quer que haja um ser humano, há lugar para o benefício. Sendo assim, o dinheiro pode circular até mesmo dentro de sua própria casa e lá encontrar espaço para a liberalidade, que é assim chamada não porque é devida aos homens livres, mas porque procede de uma mente livre. Ela, no que se refere ao homem sábio, nunca é desperdiçada com pessoas torpes e indignas nem vagueia tão cansada que não transborde, como se derramasse sempre que encontra alguém merecedor.

4 Portanto, não é correto que se interprete erroneamente o que é proferido de maneira honrosa, corajosa e fervorosa pelos seguidores da sabedoria. E, acima de tudo, observe isto: uma coisa é ser dedicado à sabedoria, outra é alcançar a sabedoria. Aquele primeiro lhe dirá: "Falo muitíssimo bem, mas ainda me debato em muitos vícios. Você não pode exigir de mim que já esteja à altura das regras que professo; neste exato momento, estou me criando, moldando, aspirando a um ideal elevado; se eu atingir o quanto propus, então exija que minhas ações correspondam às minhas palavras." Contudo, quem de fato alcançou o ápice do bem humano agirá de outra forma e dirá: "Antes de mais nada, é injustificável que você se permita julgar aqueles que lhe são superiores; eu já tive a desaprovação dos maus, o que é uma prova da minha retidão. 5 Mas, para que eu possa lhe dar a explicação que não nego a ninguém, ouça o que professo

e qual valor atribuo a cada coisa. Eu nego que a riqueza seja um bem, pois se o fosse, tornaria os homens bons; ora bem, visto que algo encontrado entre os maus não pode ser chamado de bem, eu nego a ela tal nome. No entanto, que a riqueza tanto deve ser possuída quanto se mostra útil e confere grandes comodidades à vida, isso eu admito.

[XXV
O desapego da riqueza]

1 "Ouçam agora a razão para excluir as riquezas do número de bens e por que, no que se refere a elas, eu me comporto diferente de vocês, já que todos estão de acordo que devem ser possuídas. Pois bem, coloquem-me na mais suntuosa das mansões, coloquem-me num lugar onde o ouro e a prata sejam de uso corrente: não vou me achar importante por causa dessas coisas, as quais, mesmo estando comigo, estão contudo fora de mim. Levem-me até a ponte Sublício e me joguem entre os mendigos: ainda assim, não vou me depreciar por estar sentado entre aqueles que estendem a mão pedindo esmola. Pois o que importa se falta um pedaço de pão para aquele a quem não falta a capacidade de morrer? Minha conclusão? Prefiro aquela mansão esplêndida à ponte.

2 "Coloquem-me em meio a utensílios reluzentes e aparato luxuoso: de modo algum serei mais feliz por ter um manto macio e meus convidados se recostarem em púrpura. Troquem meu colchão: de modo algum serei mais miserável se meu pescoço cansado descansar sobre um punhado de feno, se dormir numa colcha de circo cujo enchimento escapa das costuras do tecido velho. Minha conclusão? Prefiro exibir o estado da minha alma ostentando uma toga e sapatos a ter os ombros desnudos ou pés machucados.

3 "Que todos os dias transcorram segundo os meus desejos, que novas felicitações se juntem às antigas: não estarei satisfeito comigo mesmo por causa disso. Mudem de ponta à cabeça essa generosidade do tempo: se a minha alma for golpeada por perdas, por luto ou por vários assaltos, se não faltar motivo para queixa, nem por isso vou me considerar o mais miserável dos miseráveis, tampouco amaldiçoarei nenhum dia por isso, pois cuidei para que nenhum dia me fosse sombrio. Minha conclusão? Prefiro moderar as alegrias a suprimir as dores."

4 Isto é o que famoso Sócrates lhe dirá: "Faça-me vitorioso sobre todas as nações, que a luxuosa carruagem de Baco me leve triunfante desde o Oriente até Tebas, que os reis me consultem para fazer as suas leis; sobretudo pensarei que sou de fato um homem quando for aclamado, por toda parte, como um deus. Juntem agora a essa grandeza tão sublime uma queda repentina: ponham-me numa liteira estrangeira a fim de adornar a procissão de algum conquistador orgulhoso e selvagem; não me sentirei menos digno quando for conduzido acorrentado à carruagem alheia do quando estava altivo na minha própria. Minha conclusão? Ainda prefiro conquistar a ser capturado.

5 "Eu desprezarei todo o reino da fortuna, mas, se me for dada a escolha, tomarei a melhor parte dela. Tudo o que acontecer comigo se tornará um bem, mas prefiro que venham coisas mais agradáveis, prazerosas e menos complicadas de lidar. Com efeito, não pense que qualquer virtude surge sem esforço, mas certas virtudes carecem de estímulos, outras, de freios.

6 "Assim como o corpo precisa ser contido numa descida ou impulsionado contra uma encosta íngreme, algumas virtudes seguem um caminho mais fácil, enquanto outras enfrentam uma subida. Há alguma dúvida de que a paciência, a firmeza, a perseverança e qualquer outra virtude que se opõe à adversidade e subjuga a fortuna precisam ascender, esforçar-se e lutar? Minha conclusão? 7 Não está igualmente claro que vão por um caminho descendente a liberalidade, a temperança e a bondade? Nelas, contemos a nossa alma para que não escorregue, mas, nas outras virtudes, nós a incentivamos e estimulamos vigorosamente. Portanto, no caso da pobreza, vamos aplicar aquelas virtudes que sabem lutar, as mais valentes; por outro lado, no caso da riqueza, lançamos mão daquelas mais cuidadosas, que dão passos cautelosos e não perdem o equilíbrio.

8 "Como isso está dividido assim, prefiro colocar em uso as virtudes que podem ser praticadas com tranquilidade no lugar daquelas que nos custam sangue e suor. Por consequência", conclui o nosso sábio, "eu não vivo de uma maneira e falo de outra, mas são vocês que me ouvem de outra forma; aos seus ouvidos chega apenas o som das minhas palavras: o que elas significam vocês não indagam."

[XXVI
O sábio e o tolo diante
das riquezas]

1 "Então, que diferença há entre mim, o tolo, e você, o sábio, se ambos desejamos ter riqueza?" Muita diferença, pois, na casa do homem sábio, a riqueza é um servo, na do tolo, é o amo; o sábio não permite nada à riqueza, mas, para vocês, a riqueza é tudo; vocês se acostumam e se apegam a ela, como se alguém lhes tivesse garantido a sua eterna posse, mas o sábio reflete sobre a pobreza sobretudo quando está rodeado de riqueza.

2 Jamais um comandante confia tanto na paz a ponto de não se preparar para uma guerra que, embora ainda não esteja sendo travada, já foi declarada. Vocês, no entanto, ficam envaidecidos por uma bela casa, como se ela não pudesse pegar fogo ou desabar; vocês são surpreendidos por suas riquezas, como se elas já tivessem escapado de todo perigo e atingido tão grandes proporções que a fortuna perdeu a capacidade de consumi-las.

3 Ociosos, vocês brincam com suas riquezas sem prever o perigo que elas enfrentam, assim como os bárbaros que, quando estão cercados, costumam ignorar as máquinas de guerra, observando indolentes o trabalho dos sitiadores, sem

compreender aquilo que está sendo montado ao longe. O mesmo está acontecendo com vocês, que desfrutam de seus bens sem ao menos cogitar quantas desgraças os ameaçam de todo lado, dispostas a levar imediatamente os seus preciosos despojos.

4 Quem quer que roube as riquezas de um sábio, ainda assim, há de deixar-lhe tudo, pois o sábio vive feliz no presente e tranquilo no futuro. "Não há nada", diria um Sócrates ou qualquer outro que tenha a mesma autoridade e capacidade para tratar dos assuntos humanos, "que me convença tanto quanto não permitir que as suas opiniões alterem o rumo da minha vida. Podem despejar, de todos os lados, as suas críticas costumeiras: não vou achar que estão me insultando, mas que estão apenas chorando, tal qual bebês mimados.

5 Isso dirá aquele que foi tocado pela sabedoria, cuja alma, imune a qualquer vício, incentiva-o a repreender os outros, não porque os odeia, mas para curá-los. A tais pensamentos, ele acrescentará o seguinte: "A opinião que vocês têm de mim me afeta não por minha causa, mas pela sua, já que odiar e atacar a virtude aos gritos é renunciar a boa esperança. Vocês não me prejudicam, assim como os homens não prejudicam os deuses ao derrubarem seus altares. Por outro lado, é evidente uma intenção ruim ou um plano perverso, ainda que não possam causar danos.

6 "Assim, eu até tolero os seus delírios, assim como Júpiter Ótimo Máximo tolera as fantasias dos poetas, entre os quais há um que lhe deu asas, outro, chifres, enquanto outro o retrata como um adúltero que passa as noites fora de casa; há também aquele que se mostra cruel com os deuses,

aquele que é injusto com os homens, outro que lhe pinta como sequestrador de homens livres e até mesmo de seus parentes, outro como parricida e usurpador do trono alheio, inclusive do próprio pai. O que conseguiram esses homens além de privar as pessoas do pudor de fazer o mal, caso eles realmente acreditassem em deuses assim?

7 "Mas, embora tais insultos não me façam mal, ainda assim vou adverti-los pelo seu próprio bem: admirem a virtude, acreditem naqueles que a têm seguido há tanto tempo e que afirmam, eles próprios, buscarem algo grandioso, algo que, a cada dia, se lhes mostra ainda maior; prestem reverência a ela como prestamos aos deuses, prestem reverência aos seus adeptos, como prestamos aos sacerdotes; e toda vez que surgir uma menção aos textos sagrados, "favoreçam com suas línguas". Essa expressão não vem, como muitos supõem, de "favor", no sentido de "aplauso", mas no sentido de impor o silêncio para que um rito sagrado possa ser realizado sem que nenhuma voz inoportuna o interrompa. Contudo, é muito mais necessário que vocês de fato se submetam a isso, de modo que, toda vez que uma declaração vier de tal oráculo, vocês a ouçam atentos e calados.

8 "Quando alguém, agitando o chocalho sagrado, finge falar com autoridade, quando alguém, habilidoso em cortar seus próprios membros, faz sangrar seus braços e ombros, quando alguma mulher rasteja de joelhos pelo caminho e algum velho, vestindo linho e levando diante de si um galho de louro e uma lamparina em plena luz do dia, proclama que um deus está zangado, vocês todos se apressam, ouvem e terminam por afirmar, alimentando o estupor silencioso, que se trata de um ser iluminado."

[XXVII
A repreensão de Sócrates]

1 Eis Sócrates a proclamar de dentro daquela prisão, que ele tornou pura ao adentrá-la e mais honrosa do que qualquer cúria do Senado: "Que furor é este, que natureza hostil aos deuses e também aos homens, que leva vocês a difamarem as virtudes e profanar, com suas palavras malignas, o que é sagrado? Se puderem, elogiem os bons; se não, vão embora; mas se lhes agrada exercer essa licenciosidade tão repugnante, dirijam seus ataques uns aos outros. De fato, quando vocês deliram contra o céu, eu não digo: "Estão cometendo um sacrilégio", e sim, "estão desperdiçando seus esforços.

2 "No passado, forneci material para as piadas de Aristófanes, pois todo o punhado de poetas cômicos derramou sobre mim seus gracejos envenenados: a minha virtude se destacou ainda mais por causa dos próprios meios usados para atacá-la, pois interessa a ela que seja exposta e testada, e ninguém entende melhor a sua grandeza do que aqueles que experimentaram atacá-la: a dureza da pedra é melhor compreendida por aqueles que a golpeiam.

3 "Eu me apresento não de outra forma senão como um rochedo desolado no mar, no qual as ondas não cessam de bater, vindas de qualquer

direção. No entanto, nem por isso elas o movem do lugar, tampouco o desgastam com seu ataque incessante ao longo de tantas eras. Saltem sobre mim, lancem seu ataque: hei de derrotá-los pela resistência. Tudo aquilo que investe contra o que é firme e insuperável acaba empregando a sua força para sua própria desgraça. Portanto, busquem por algo mais maleável e flexível, onde possam cravar as suas lanças.

4 "Mas e quanto a vocês? Têm tempo para investigar os males alheios e julgar alguém? 'Por que este filósofo tem uma casa tão espaçosa? Por que este aqui janta tão elegantemente?' Vocês olham para as espinhas dos outros quando estão cobertos por vários furúnculos? Isso é o mesmo que alguém ser devorado por uma sarna nojenta e, ainda sim, zombar das pintinhas ou verrugas dos corpos mais belos.

5 "Critiquem Platão por ter buscado dinheiro, Aristóteles por aceitá-lo, Demócrito por ignorá-lo, Epicuro por gastá-lo; atirem Alcibíades e Fedro contra mim mesmo, vocês, que serão imensamente mais felizes quando, na primeira oportunidade, copiarem os nossos vícios! 6 Por que vocês não dão uma olhada nas suas próprias falhas, que os golpeiam de todos lados, algumas vindo de fora, outras ardendo em suas próprias entranhas? Os assuntos humanos ainda não estão numa posição tão vil, mesmo que vocês não estejam totalmente inteirados da sua própria situação, que lhes sobra tempo de usar a língua em opróbrio dos melhores.

[XXVIII
Prossegue a repreensão de Sócrates]

1 "Isso vocês não entendem e seus rostos exibem uma expressão que não condiz com a sua fortuna, como tantos homens sentados no circo ou no teatro enquanto sua casa já está em luto e nem sabem da má notícia.

"Mas eu, olhando aqui de cima, vejo quais tempestades estão prestes a ameaçá-los, desabando em torrentes, ou mesmo aquelas já muito próximas, que avançaram o suficiente para varrer tanto vocês quanto os seus bens. Preciso dizer mais? Por acaso agora, mesmo que sintam pouco, um turbilhão não está girando e envolvendo as suas almas, enquanto fogem e buscam os mesmos objetos, ora elevadas ao céu sublime, ora lançadas ao mais profundo abismo... ?"
[a partir daqui, o texto se perde]

Notas

1. Aneu Sereno, um jovem prefeito da guarda imperial de Nero, a quem Sêneca dedicou outros dois tratados.

2. Filósofos expoentes da escola estoica.

3. Filósofo grego nativo da Ilha de Abdera, fundador da doutrina atomística.

4. Alusão à dor sofrida por Aquiles devido à morte de seu melhor amigo, Pátroclo.

5. A Campânia, na época romana, era considerada a região mais bela e fértil, onde muitos membros da aristocracia tinham grandes propriedades.

6. Brútio e Lucânia estão localizados no sul da Itália, na atual Calábria, e eram regiões agrestes e infecundas.

7. Lucrécio, *De rerum natura* 3.1066.

8. Talvez se trate de Atenodoro de Tarso (c. 74 a.C.-7 d.C.), filósofo estoico e amigo de Catão de Útica.

9. O cargo mais alto do Estado romano.

10. Era o equivalente ao cônsul romano em muitas cidades gregas.

11. Não temos conhecimento sobre esse cargo político.

12. Suprema magistratura em Cartago.

13. Alusão aos oligarcas que governaram Atenas após a sua derrota para Esparta na Guerra do Peloponeso em 404 a.C.

14. Harmódio, junto com Aristogíton, planejou o assassinato do tirano Hípias durante os Jogos Panatenaicos em 514 a.C.

15. Cônsul e general romano que derrotou os gregos comandados por Pirro em 275 a.C.

16. Isócrates (436-330 a.C.) foi um grande orador e professor de retórica em Atenas e Éforo, um dos seus discípulos, que, por sua vez, dedicou-se ao gênero historiográfico.

17. Trata-se de Catão de Útica (95-46 a.C.), político romano famoso por sua inflexibilidade e integridade moral.

18. Filósofo cínico do século IV a.C., célebre pelo seu estilo mordaz.

19. O grande filósofo cínico do século IV a.C., natural da colônia jônia de Sinope, que abriu mão de todos os bens materiais para que o seu espírito fosse completamente livre e independente.

20. Liberto de Pompeu Magno, famoso por sua riqueza.

21. Alusão ao famoso incêndio que destruiu a Biblioteca de Alexandria no ano 48 a.C.

22. Grande historiador romano do período de Augusto.

23. Para maior segurança, o carcereiro acorrentava a sua mão esquerda à mão direita do condenado.

24. Trata-se do mimógrafo Publílio Siro (85-43 a.C.).

25. Coturno e sipário são, respectivamente, referências metonímicas para tragédia e comédia.

26. Não se trata aqui de Pompeu Magno, mas de uma personagem desconhecida, sobre a qual sabemos apenas aquilo que nos é informado por Sêneca.

27. Lúcio Élio Sejano (20 a.C.-18 d.C.), famoso soldado, amigo e confidente do imperador Tibério.

28. Rei da Lídia, conhecido por sua grande riqueza.

29. Rei da Numídia, que se insurgiu contra Roma no final do século II a.C.

30. Sêneca alude ao fato de Calígula ordenar a execução de Ptolomeu mesmo depois de tê-lo exilado.

31. Cf. nota 3.

32. Cf. nota 2.

33. Teodoro de Cirene, grande matemático grego que viveu durante o século V a.C.

34. Personagem conhecida apenas por essa menção de Sêneca.

35. Tirano da cidade de Agrigento, célebre por sua crueldade.

36. Filósofo pré-socrático da escola jônica de Éfeso.

37. Cf. nota 18.

38. Públio Rutílio Rufo (c. 159-78 a.C.), cônsul romano dotado de grande virtude moral, foi vítima de falsa acusação de extorsão e permaneceu exilado até a sua morte.

39. Hércules lançou-se ao fogo de uma pira que ele tinha erguido no monte Eta, depois de grande sofrimento causado pelo contato com o veneno embebido numa túnica enviada por sua esposa, Dejanira.

40. Marco Atílio Régulo (c. 307-250 a.C.) foi cônsul e general romano na Primeira Guerra Púnica, sendo capturado e torturado brutalmente até a morte pelos cartagineses.

41. Alusão ao fato de Catão de Útica, socorrido por seus familiares, ter rasgado as faixas que envolviam as suas feridas.

42. Públio Cornélio Cipião Africano (236-186 a.C.) notabilizou-se por ter derrotado Aníbal na Segunda Guerra Púnica.

43. Gaio Asínio Polião (75 a.C.-4 d.C.), nobre personagem, orador, poeta e historiador do período augustano.

44. A décima hora, para os romanos, correspondia às 16 horas.

45. Isto é, entre as 16 e 18 horas, período normalmente dedicado à ceia.

46. Um dos nomes do deus Baco.

47. Sólon (638-558 a.C.), célebre legislador e poeta de Atenas.

48. Arcesilau (c. 316-241 a.C.), filósofo que dirigiu a famosa Academia de Platão em meados do século III a.C.

49. Talvez se trate de Anacreonte de Teos, que viveu no século VI a.C.

50. Virgílio. Eneida, IV, 653.

51. Ovídio. Metamorfoses, II, 328.

Veja outros livros
do selo *Vozes de Bolso*
pelo site

livrariavozes.com.br/colecoes/vozes-de-bolso

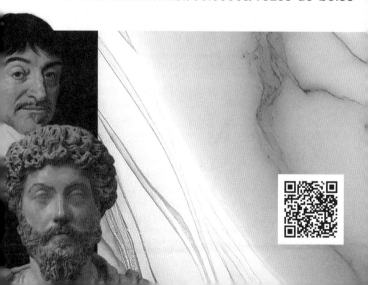

Conecte-se conosco:

f facebook.com/editoravozes

◉ @editoravozes

𝕏 @editora_vozes

▶ youtube.com/editoravozes

☎ +55 24 2233-9033

www.vozes.com.br

Conheça nossas lojas:

www.livrariavozes.com.br

Belo Horizonte – Brasília – Campinas – Cuiabá – Curitiba
Fortaleza – Juiz de Fora – Petrópolis – Recife – São Paulo

EDITORA VOZES LTDA.
Rua Frei Luís, 100 – Centro – Cep 25689-900 – Petrópolis, RJ
Tel.: (24) 2233-9000 – E-mail: vendas@vozes.com.br